經典隨身讀 • 精選本

U0063671

人性論
A Treatise of Human Nature

休 謨
David Hume

本書原文最初係分卷出版，第一、二卷發表於1739年，第三卷發表於1740年，發表地點都是英國倫敦。中譯本根據的是下列版本：

David Hume

A TREATISE OF

HUMAN NATURE

Edited with an analytical index by

L. A. Selby-Bigge, M. A.

Oxford 1946

出版説明

　　希羅多德 (Herodoti)、黑格爾 (G.W.F.Hegel)、盧梭 (Jean-Jacques Rousseau)、亞當・斯密 (Adam Smith)、凱恩斯 (John Maynard Keynes) ……，《經典隨身讀》中擇選的這些西方學者，或為一個時代的代表，或為一種思潮的先驅，他們的這些著作所蘊藏的思想財富和學術價值，久為學術界所熟知，是人類思想的精華，是我們前行的基礎。

　　閱讀原著，是親炙大師的最好方式，是認識理解這些學術經典的最直接的方法。但是，這些著作大多為鴻篇巨學，體系博大，因專業和研究的深入程度而帶有一定的抽象性，一般讀者不易於領悟。賦予這些經典著作以新的閱讀形式，成為現代出版人的現實責任。

　　《經典隨身讀》基於此種理念，邀請專家學者精選原著篇章，以靈活方式選錄近代西方學術界的殿堂級名著，並撰寫導讀，讓讀者可以從最短的篇幅，從最易切入的角度，掌握原著的精髓。這是一個新的嘗試，希望這套書能成為讀者認識著名學

者、學說的入門書，同時也可以此作為自修讀本，
豐富知識，充實自我。

商務印書館 編輯出版部謹識

選編者前言

休謨 (1711-1776) 是18世紀英國著名哲學家，英國古典經驗論的最後一位代表人物。

休謨1711年出生於蘇格蘭，曾在愛丁堡大學學習法律，後轉習哲學。主要著作有《人性論》(1734-1737)、《道德與政治論文集》(1741-1742)、《人類理智研究》(1748)、《道德原理研究》(1751)、《英國史》(1754-1761)、《宗教自然史》(1757)、《自然宗教對話錄》(1779) 等。休謨不僅是一位哲學家，而且是一位政治活動家，曾任英國遠征軍聖克萊爾將軍的秘書，又曾以武官兼秘書的身分隨聖克萊爾將軍出使維也納和都靈。1763-1765年任英國駐巴黎大使館秘書和代理公使，1767-1769年任英國副國務大臣。1776年逝世。

《人性論》是休謨在1734-1737年旅居法國期間寫成的第一部哲學著作，1739-1740年在英國出版。

《人性論》全書分為三卷：第一卷"論知性 (或譯理智)"，第二卷"論情感"，第三卷"道德學"。

《人性論》這個書名有一個副標題："在精神科學

中採用實驗推理方法的一個嘗試"。所謂"實驗推理方法"就是應用經驗和觀察進行理論研究的方法。正如休謨在"引論"中所說的，這種方法在自然科學上已經取得卓越的成就，現在應當推廣應用於精神科學，亦即人的科學。休謨認為，精神科學或人的科學是關於人性的科學，是以人性為核心的科學；只有把握了人性本身才有望在其他方面的研究獲得巨大的成功，事實上任何其他科學，包括數學和各門自然科學，歸根結底都與人性問題相關聯，因而在關於人的科學中包含着解決一切重要問題的關鍵，從揭示人性原理的人的科學出發，我們就能建立一個具有全新基礎的完全的科學體系。

在《人性論》中休謨是從知性、情感、道德三個方面討論人性的原理的，這是該書三卷分別論述的內容。

第一卷"論知性"詳細闡述了休謨的經驗論和懷疑論的認識論。休謨把知性的全部內容都稱為知覺。知覺分為兩種：印象和觀念。印象是當下的生動活潑的感覺(色、聲、香、味、觸等感覺)或反省(喜、怒、愛、惡、慾等感情)，是最初呈現於人心中的意識。這種原始印象是一切思想、一切觀念的來源，觀念則是這些印象的暗淡的複本。印象和觀念都有簡單與複雜之分，簡單印象與簡單觀念相對應，後者是前者的精確複本，複雜觀念則可能是直接複寫由簡單印象結合起來的複雜印象的，也可能是我們的想像把一些簡單觀念任意加以排列組合的結果。休謨説，印象先於觀念，一切觀念都來於印象，這是他的人性科學的"第一原則"，也就是他的經驗論的認識論中"第一原則"。

休謨認為，人的知識不僅源於經驗 (感覺印象和反省印象)，而且限於經驗，人所能認識的只有自己心中的知覺，自己的印象和觀念，而絕不能超出這個狹窄的範圍一步。我們不僅不能知道在我們之外的事物是甚麼樣子，而且根本無法知道在我們之外是否有任何事物存在。這就是休謨將經驗論的原則推至極端而導致的懷疑論的結論。這樣，不僅外間存在或物質實體被還原為觀念的集合而否定了，而且心靈實體或自我也被析解為知覺的集合而消除了。知覺，即印象和觀念，成了巍然獨存的惟一的存在。

休謨認為，觀念並不是完全鬆散而無聯繫的，也不是僅靠偶然連在一起的，在觀念之間有一種聯繫的紐帶，可使一個觀念自然引起另一個觀念，這就是觀念的聯繫或聯想。這種聯想的原則有三種：類似、時空接近和因果聯繫。休謨把它們稱為"自然的關係"。休謨認為，觀念之間還可以有由人心所進行的比較而非由聯想產生的關係，他稱之為"哲學的關係"。這類關係共有七種：類似關係、同一關係、時空關係、數量比例、性質程度、相反關係和因果關係。這裏包括了上述類似關係、時空關係和因果關係，但不是作為聯想自然引起的關係，而是作為人心對觀念的比較而得的關係，即哲學的關係。休謨又將七種哲學關係分為兩類：一類是僅僅取決於觀念的關係，即類似、相反、數量比例和性質程度。這類關係是確實知識的對象，關於這類關係的知識僅僅根據其涉及的觀念即可判定其真假而無待於經驗的證實。另一類則是不完全有賴於觀念而且其觀念不變的情況下也可發生變化的關係，即同一關係、時空關係和因果關係。對這類關係我們只能有概然的推論。

休謨用大量的篇幅討論因果性問題，這是休謨哲學中最重要的部分，他的因果理論對西方近代以至現代哲學有重大的影響。休謨認為，因果性不是客觀的關係，而是我們由於反覆看到兩個現象經常連結在一起，依次一先一後相隨出現，就在心理上形成了一種習慣，即看到一個的出現就聯想、推測、期待另一個的出現。這種習慣性的聯想或推論就是因果必然性的本質，其實只是一種"概然推論"，並不能給人以真正必然性的知識。

　　《人性論》第二卷"論情感"主要是圍繞着下面幾個問題進行論述的，即情感的本質、情感的來源和起因、情感的結果。我們在這裏選了本卷的兩節文字。一節是"論惡與德"，休謨認為一切道德都是建立在痛苦和快樂的情感之上的，德的本質在於產生快樂，惡的本質在於給人痛苦。另一節是"論影響意志的各種動機"，休謨認為人的意志活動或道德行為的終極的動機不是理性，而是情感，理性是受情感支配的，是為情感服務的。

　　《人性論》第三卷"道德學"，實際上並不局限於道德問題的討論，而且還包括了社會政治方向的論述。在這裏選了本卷論正義和財產權的起源和政府的起源等幾節文字。我們看到，休謨對十七八世紀啟蒙運動中流行的社會契約論學說持批判態度，他認為，政府權力和人們對政府權力的服從，並不是根據人們的同意或契約關係產生的，而是人們由於利益的需要，經過歷史演變和逐漸習慣形成的。人的天性是自私的，但個人的力量是孤單的，不足以抵禦自然力的各種威脅，因而人類從一開始就不得不結成社會，互相利用，以謀取各人的利益。人類結成社會所遵循的最重要一條"自然法"就是"穩定財物佔有"，即承認和保障私有財產權，這就是"正義"的原則。但是，人們由於自私的本性，總是目光短淺，捨遠求近，往往為了眼前利益而破壞正義的原則。為了維持正義，維持社會的和平與秩序，人們就建立了政府，由一些能以維持正義為其直接利益的人出來執政，在全社會中執行"公道的命令"。休謨説，這就是政府的起源。

　　本書波浪線之間的斜體文字為選編者所加。

陳啟偉

目　錄

第二卷 論情感

第三卷 道德學

人 性 論

在精神科學中採用實驗推理
方法的一個嘗試

當你能夠感覺你願意感覺的東西，能夠說出你所感覺到的東西的時候，這是非常幸福的時候。

塔西陀

引論

哲學的現狀

凡自命在哲學和科學方面給世人發現任何新事物的人們，總喜歡貶抑前人所提出的體系，藉以間接誇耀自己的體系，這對他們說來是最通常和最自然的事情。誠然，對於那些可以提交人類理性法庭的最重要的問題，我們現在仍然愚昧無知；這些人如果滿足於惋惜此種愚昧無知，那麼一切熟悉科學現狀的人們很少會對他們不欣然同意的。一個具有判斷力和學識的人很容易看到這樣一個事實，即那些最為世人稱道，而且自命為高高達到精確和深刻推理地步的各家體系，它們的基礎也是很脆弱的。盲目接受的原理，由此而推出來的殘缺的理論，各個部分之間的不相調和，整個體系的缺乏證據；這種情形在著名哲學家們的體系中到處可以遇到，而且為哲學本身帶來了恥辱。

用不着淵博的知識，就可以發現現在各種科學的缺陷情況，即使門外的羣眾、根據他們所聽到的吵鬧的聲音，也可以斷定科學門內並非一切順利。
任何事物都是論辯的題材，學者們對它都持有相反
的意見。對於一些最為微不足道的問題，我們也愛
爭辯，而對於一些極為重要的問題，我們卻也不能
給予確定的結論。爭辯層出不窮，就像沒有一件事
情是確定的，而當人們進行爭辯之際，卻又表現出
極大的熱忱，就像一切都是確定似的。在這一切吵
鬧中間，獲得勝利者不是理性，而是辯才。任何人
只要具有辯才，把他的荒誕不經的假設，說得天花
亂墜，就用不着怕得不到新的信徒。獲得勝利者不
是持矛執劍的武士，而是軍中的號手、鼓手和樂隊。

據我看來，對於各式各樣的形而上學的推理，
一般人之所以發生厭惡心理，就是因為這個原故。
甚至自命為學者，而且對其他任何學術部門給予恰
當重視的一些人，也同樣具有這種厭惡心理。他們
所謂形而上學的推理，並不是指有關任何特殊科學
部門的推理，而是指在任何方面相當深奧的、需要
思考才能理解的任何一種論證。由於在這類研究中
我們往往枉費心力，所以我們通常總是毫不猶豫地
就擯棄它們，以為人類既然不得不永遠受錯誤和幻
想的支配，那麼我們至少也應該使我們的錯誤和幻
想成為自然的和有趣的。不過，只有最堅定的懷疑
主義和極大程度的懶惰，才能為這種厭惡形而上學

的心理辯解。因為，真理如果畢竟是人類能力所能及的，我們可以斷言，它必然是隱藏在深奧的地方。最偉大的天才花了極大的精力，還是沒有收穫；我們如果希望真理可以不勞而獲，那真可謂是狂妄自大了。在我下面所要闡述的哲學中，我並不自以為具有這種優越條件，而且我的哲學如果是十分淺顯容易，我反而會認為是對它的一種極大的反對理由。

一切科學都與人性有關

顯然，一切科學對於人性總是或多或少地有些關係，任何學科不論似乎與人性離得多遠，它們總是會通過這樣或那樣的途徑回到人性。即使數學，自然哲學和自然宗教，也都是在某種程度上依靠於人的科學；因為這些科學是在人類的認識範圍之內，並且是根據他的能力和官能而被判斷的。如果人們徹底認識了人類知性的範圍和能力，能夠說明我們所運用的觀念的性質，以及我們在作推理時的心理作用的性質，那麼我們就無法斷言，我們在這些科學中將會作出多麼大的變化和改進。在自然宗教中，尤其希望有這些改進，因為自然宗教不肯滿足於把神的本性告訴我們，而且進一步把見解擴展到神對人類的意向，以及人類對神的義務；因而人類不僅是能夠推理的存在者，而且也是被我們所推理研究的對象之一。

關於人的科學或精神科學包括邏輯、道德學、批評學、政治學

數學、自然哲學、自然宗教既是如此依靠於有關人的知識，那麼在那些和人性有更密切關係的其他科學中，又會有甚麼樣的情況呢？邏輯的惟一目的在於說明人類推理能力的原理和作用，以及人類觀念的性質；道德學和批評學研究人類的鑑別力和情緒；政治學研究結合在社會裏並且互相依存的人類。在邏輯、道德學、批評學和政治學這四門科學中，幾乎包括盡了一切需要我們研究的種種重要事情，或者說一切可以促進或裝飾人類心靈的種種重要事情。

關於人的科學是一切科學惟一穩固的基礎

因此，在我們的哲學研究中，我們可以希望藉以獲得成功的惟一途徑，即是拋開我們一向所採用的那種可厭的迂迴曲折的老方法，不再在邊界上一會兒攻取一個城堡，一會兒佔領一個村落，而是直搗這些科學的首都或心臟，即人性本身；一旦掌握

了人性以後，我們在其他各方面就有希望輕而易舉地取得勝利了。從這個崗位，我們可以擴展到征服那些和人生有較為密切關係的一切科學，然後就可以悠閒地去更為充分地發現那些純粹是好奇心的對象。任何重要問題的解決關鍵，無不包括在關於人的科學中間；在我們沒有熟悉這門科學之前，任何問題都不能得到確實的解決。因此，在試圖說明人性的原理的時候，我們實際上就是在提出一個建立在幾乎是全新的基礎上的完整的科學體系，而這個基礎也正是一切科學惟一穩固的基礎。

關於人的科學必須建立在經驗和觀察之上，必須將實驗的方法應用於精神科學的研究

關於人的科學是其他科學的惟一牢固的基礎，而我們對這個科學本身所能給予的惟一牢固的基礎，又必須建立在經驗和觀察之上。當我們想到，實驗哲學之應用於精神題材較之應用於自然題材遲了一世紀以上，我們也不必驚奇；因為我們發現，事實上這兩種科學的起源幾乎也相隔有同樣的時期；從泰勒斯推算到蘇格拉底，相距的時間，約等於培根勳爵到英國晚近若干哲學家① 相距的時間；到了這些哲學家才開始把關於人的科學置於一個新

的立足點上，引起了人們的注意和好奇心。的確，在詩歌方面，其他民族雖然可以和我們抗衡，在其他一些足以欣賞的文藝方面，他們雖然可以超過我們，而理性和哲學的進步，卻只能歸功於我們這個容忍和自由的國家。

關於人的科學雖然發展得較遲，沒有自然哲學那樣的早，可是我們也不應該認為它給予我國的榮譽不如自然哲學那樣的大，而應該認為它那較遲的發展是一個更大的光榮，因為這門科學具有更大的重要性，並且必須要經過這樣一番的改革。因為，我覺得這是很顯然的：心靈的本質既然和外界物體的本質同樣是我們所不認識的，因此，若非借助於仔細和精確的實驗，並觀察心靈的不同的條件和情況所產生的那些特殊結果，那麼對心靈的能力和性質，也一定同樣不可能形成任何概念。我們雖然必須努力將我們的實驗推溯到底，並以最少的和最簡單的原因來說明所有的結果，藉以使我們的全部原則達到最大可能的普遍程度，但是我們不能超越經驗，這一點仍然是確定的；凡自命為發現人性終極的原始性質的任何假設，一下子就應該被認為狂妄和虛幻，予以摒棄。

我想一個認真致力於說明靈魂的最終原則的哲學家，不會自命對於他想要說明的人性科學是一位大師，或是自稱對心靈自然地感到滿意的事理知道得很多。因為失望和快樂對我們幾乎是有同樣的效果，我們一旦知道了某種慾望無法得到滿足，這種慾望本身就會立即消失，這是確定不易的道理。當我們一旦看到，我們已經達到人類理性的最後限度時，我們便安心滿足了，雖然我們完全明白我們在大體上的無知，並且也看到，對於我們的最概括、最精微的原則，除了我們憑經驗知其為實在以外，再也舉不出其他的理由。經驗也就是一般人的理由，這種理由，即使對於最特殊、最奇特的現象，也無需經過研究便可以直接發現出來的。這種不能再進一步的情況就足以使讀者感到滿意，作者也就可以得到一種更為微妙的滿意，因為他已坦然自認無知，明智地避開了過去許多人的錯誤，不把他的猜測和假設作為最確定的原則來蒙蔽世人。先生與學生既然如此互相感到滿足和滿意，我就不知道我們對於哲學還有甚麼進一步的要求。

應用實驗方法於精神科學的研究才能建立一門與其他科學一樣確實而且更為有用的關於人的科學

如果這種不能說明最終原則的情形，被人認為是關於人的科學中的一個缺點，我也可以大膽聲言，這是這種科學和一切科學所共有的缺點，也是和我們所從事的一切藝術所共有的缺點，不論這些學藝是在各個哲學學派中所培養的，或是在低賤的工匠作坊中所實踐的。這些學藝中沒有一種能夠超出經驗以外，或者建立任何不以這個權威為基礎的原則。的確，精神哲學有這樣一種特殊的不利條件，這是自然哲學所沒有的；那就是，當精神哲學收集實驗材料時，無法有目的地進行實驗，事先定好計劃，並按照預定的方法去應付可能發生的每種具體困難情況。當我不明白在某種情況下某一物體對另一物體的影響時，我只須把這兩個物體放在那樣一種情況之下，並觀察其有甚麼結果發生。但是在精神哲學中，我如果把自己放在我所要探究的那種情況下，企圖以同樣的方式消除任何疑難，那麼這種思考和預計顯然會攪擾我的自然心理原則的作用，而必然會使我無法根據現象得出任何正確的結論。因此，我們必須藉審慎觀察人生現象去搜集這門科學中的種種實驗材料，而在世人的日常生活中，就着人類的交際、事務和娛樂去取得實驗材料。當這類實驗材料經過審慎地搜集和比較以後，我們就可以希望在它們這個基礎上，建立一門和人類知識範圍內任何其他的科學同樣確實、而且更為有用的科學。

① 洛克先生、沙夫茨伯雷勳爵、曼狄維爾博士、赫欽遜先生、勃特勒博士等人。

第一卷　論知性

第 *1* 章

論觀念、它們的起源、組合、抽象、聯繫等

第一節　論人類觀念的起源

知覺分為印象和觀念

　　人類心靈中的一切知覺 (perceptions) 可以分為顯然不同的兩種，這兩種我將稱之為印象 (impressions) 和觀念 (ideas)。兩者的差別在於：當它們刺激心靈，進入我們的思想或意識中時，它們的強烈程度和生動程度各不相同。進入心靈時最強最猛的那些知覺，我們可以稱之為印象；在印象這個名詞中間，我包括了所有初次出現於靈魂中的我們的一切感覺、情感和情緒。至於觀念這個名詞，我用來指我們的感覺、情感和情緒在思維和推理中的微弱的意象；當前的討論所引起的一切知覺便是一例，只要除去那些由視學和觸覺所引起的知覺，以及這種討論所可能引起的直接快樂或不快。我相信，無需費詞就可以說明這種區別。每個人自己都可以立刻

察知感覺與思維的差別。兩者的通常差別程度很容易分辨，雖然在特殊例子中，兩者不是不可能很相接近。例如在睡眠、發燒、瘋狂或任何心情十分激動的狀態中，我們的觀念就可以接近於我們的印象；另一方面，有時就有這種情形發生，即我們的印象極為微弱和低沉，致使我們無法把它們和我們的觀念區別開來。但是兩者在少數例子中雖然有這種極為近似的情形，而一般說來，兩者仍然極為不同，所以沒有人會遲疑不決，不敢把它們歸在不同項目之下，並各給以一個特殊名稱，以標誌這種差異。①

知覺（印象和觀念） 有簡單和複雜之別

我們的知覺還有另外一種區別，適用於我們的印象和觀念兩項，這是一種為我們提供方便的區別，值得我們注意。這就是簡單與複合的區別。簡單的知覺，亦即簡單的印象和觀念，不容再行區分或分析。複合知覺則與此相反，可以區分為許多部分。一種特殊的顏色、滋味和香味雖然都是結合於這個蘋果中的性質，但我們很容易辨出它們是彼此並不相同的，至少是可以互相區別的。

通過這些區別，我們給了我們的研究對象以排列和秩序，於是我們便可以更精確地去研究它們的性質和關係。引起我注意的第一種情況是：我們的印象和觀念除了強烈程度和活潑程度之外，在其他每一方面都是極為類似的。任何一種都可以說是其他一種的反映；因此心靈的全部知覺都是雙重的；表現為印象和觀念兩者。當我閉目思維我的房間時，我所形成的觀念就是我曾感覺過的印象的精確的表象，觀念中的任何情節也無一不可在印象中找到。在檢查我的其他知覺時，我仍然發現同樣的類似和表象。觀念與印象似乎永遠是互相對應的。這個情況在我看來似乎是很突出的，當下引起了我的注意。

簡單觀念和簡單印象精確對應，複雜觀念和複雜印象則不盡然

經過比較精確的觀察之後，我發現我被初次的現象迷惑得過遠了。我必須利用簡單知覺與複合知覺的區別來限制"一切觀念和印象都是類似的"這個概括判斷。我觀察到，我們的許多複合觀念從來不曾有過和它們相應的印象，而我們的許多複合印象也從來沒有精確地複現在觀念之中，我能設想新耶路撒冷那樣一座黃金鋪道、紅玉砌牆的城市，雖然我從來不曾見過這樣一座城市。我曾見過巴黎；但

是我難道就可以斷言，我能對那座城市形成那樣一個觀念，使它按照真正的和恰當的比例完全復現那座城市的全部街道和房屋嗎？

因此，我看到，我們的複合印象和觀念一般說來雖然極為類似，可是說它們彼此互為對方的精確複本那個規律並非普遍真實的。其次，我們可以研究我們的簡單知覺又是甚麼情形。經過我所能作的最精確的探究以後，我敢肯定說：前述規則在這裏可以無例外地適用，每個簡單觀念都有和它類似的簡單印象，每個簡單印象都有一個和它相應的觀念。我們在暗中所形成的那個"紅"的觀念和在日光之下刺激我們眼睛的那個印象，只有程度上的差別，沒有性質上的區別。我們的簡單印象和觀念都是同樣如此，不過我們不可能一一列舉來加以證明。任何人都可以隨意檢查多少，使自己在這一點上得到滿足。但是如果有人竟然否認這種普遍的類似關係，我也沒有其他方法去說服他，只有要求他指出一個沒有相應觀念的印象，或者沒有相應印象的觀念。如果他不回答這個挑戰——可以確定，他不能做到這點——我們就可根據他的緘默以及我們自己的觀察來確立我們的結論。

這樣，我們就發現，一切簡單觀念和印象都是互相類似的；而複合觀念和印象既然由簡單觀念和印象形成，我們就可以概括地斷言，這兩類知覺是精確地相應的。發現了這種無需進一步探究的關係以後，我就想發現觀念和印象的其他一些性質。讓我們來研究它們和它們的存在之間的關係，研究哪些印象和觀念是原因，哪些是結果。

全部簡單觀念都來自簡單印象，是簡單印象的精確複本

充分探究這個問題，就是本書的主題；因此，我們在這裏就只限於確立一個概括的命題，即我們的全部簡單觀念在初出現時都是來自簡單印象，這種簡單印象和簡單觀念相應，而且為簡單觀念所精確地復現。

在搜羅種種現象來證明這個命題時，我只發現兩種現象；但是每種現象都是很明顯的，數量很多的，而且是沒有爭論餘地的。我首先通過一個新的審查，來確定我前面所作的斷言，即每個簡單印象都伴有一個相應的觀念，每個簡單觀念都伴有一個相應的印象。根據類似的知覺之間這種恆常的結合，我立刻斷言，我們的相應的印象和觀念之間有一種極大的聯繫，而且一種的存在對另一種的存在具有重大的影響。這樣無數的例子中的這樣一種恆常的結合決不會出於偶然，而是清楚地證明了不是

印象依靠於觀念，就是觀念依靠於印象。為了要知
道哪一種依靠於哪一種，我就研究兩者初次出現時
的次序，並由恆常的經驗發現，簡單印象總是先於
它的相應觀念出現，而從來不曾以相反的次序出
現。要給一個兒童以深紅和橙黃或甜味和苦味的觀
念，我就把這些對象呈現於他，換句話說，就是把
這些印象傳達給他；但我不會荒謬地試圖通過激起
這些觀念來產生這些印象。我們的觀念在出現時並
不產生它們的相應的印象，我們也不能單藉思維任
何顏色或其他的東西，就知覺到那種顏色或感到其
他的感覺。在另一方面，我們卻發現，不論心靈或
身體的任何印象，都永遠有一個和它類似的觀念伴
隨而來，而且觀念與印象只在強烈和生動程度方面
有所差別。我們的類似知覺的恆常的結合就令人信
服地證明了，其中之一是另外一種的原因，而印象
所佔的這種優先性也同樣地證明了，我們的印象是
我們的觀念的原因，而我們的觀念不是我們的印象
的原因。

　　為了證實這一點，我又研究另一個明顯而令人
信服的現象；就是，在任何情況下，只要產生印象
的那些官能由於事故而使它們的作用受到了妨礙，
例如一個生來就是盲人或聾子的那種情形；那麼，
不但沒有了印象，而且相應的觀念也就沒有了，因

而在心靈中兩者都沒有絲毫的痕跡。不但在感覺器官完全毀壞時是這種情形，就是在從未進行活動去產生一個特殊印象這種情況下，也是如此。我們如果不曾真正嚐過菠蘿，我們對於菠蘿的滋味，便不能形成一個恰當的觀念。

......

印象先於觀念，觀念來於印象，是人性科學的第一原則

這是我在人性科學中建立的第一條原則；我們也不應該因為它顯得簡易而加以鄙視。因為我們可以注意到，現在這個關於印象或觀念的先後問題，正是和哲學家們爭論有無先天觀念或我們的全部觀念是否都從感覺和反省得來的那種在不同的名詞下頗具爭議的問題一樣。我們可以說，為了證明廣袤和顏色的觀念不是先天的，哲學家們僅僅指出這些觀念都是由我們的感官傳來的。為了證明情感和慾望這兩個觀念不是先天的，哲學家們只是說，我們自身先前就曾有過這種情緒的經驗。我們如果將這些論證仔細加以研究，就可以發現，這些論證只是證明了在觀念之前已經先有了其他的更為生動的知覺，這些知覺是觀念的來源，並被觀念所復現。我希望這樣清楚地陳述問題，將會消除有關這個問題

的一切爭論，並使這個原則在我們的推理中具有比向來較大的作用。

第二節　題目的劃分

印象分為感覺印象和反省印象

我們的簡單印象既然是發生在它們相應的觀念之前，而且很少例外，所以推理方法就要求我們先考察我們的印象，然後再研究我們的觀念。印象可以分為兩種，一種是感覺 (sensation) 印象，一種是反省 (reflection) 印象。第一種是由我們所不知的原因開始產生於心中。第二種大部分是由我們的觀念得來，它們的發生次序如下。一個印象最先刺激感官，使我們知覺種種冷、熱，飢、渴，苦、樂。這個印象被心中留下一個複本，印象停止以後，複本仍然存在；我們把這個複本稱為觀念。當苦、樂觀念回復到心中時；它就產生慾望和厭惡、希望和恐懼的新印象，這些新印象可以恰當地稱為是反省印象，因為它們是由反省得來的。這些反省印象又被記憶和想像所復現，成為觀念，這些觀念或許又會產生其他的印象和觀念。因此，反省印象只是在它們相應的觀念之前產生，但卻出現在感覺印象之後，而且是由感覺印象得來的。研究人類感覺應該是解剖學家和自然哲學家的事情，而不是精神哲學家的事情，因此，現在就不加以研究。值得我們主要注意的反省印象，即情感、慾望和情緒，既然大多數是由觀念產生，所以我們就必須把初看起來似乎是最自然的方法倒轉過來；為了說明人類心靈的本性和原則，我們將先對觀念作一詳細的敘述，然後再進而研究印象。因為這個理由，我在這裏就想先從觀念開始。

第三節　論記憶觀念和想像觀念

印象的兩種復現方式：記憶和想像

我們從經驗發現，當任何印象出現於心中之後，它又作為觀念復現於心中，這種復現有兩種不同的方式：有時在它重行出現時，它仍保持相當大的它在初次出現時的活潑程度，介於一個印象與一個觀念之間；有時，印象完全失掉了那種活潑性，變成了一個純粹的觀念。以第一種方式復現我們印象的官能，稱為記憶 (memory)，另一種則稱為想像 (imagination)。初看起來，就很顯然，記憶的觀念要比想像的觀念生動和強烈得多，而且前一種官能比後一種官能以更為鮮明的色彩描繪出它的對象。當我們記憶起過去任何事件時，那個事件的觀念以一種強烈的方式進入心中；而在想像中，知覺卻是微弱而低沉，並且在心中很難長時間保持穩定不變。因此，在這兩種觀念之間就有一種明顯的差別。但這一點可以留待以後詳細討論。

這兩種觀念還有另外一種同樣明顯的差別，即不論記憶的觀念或想像的觀念，不論生動的觀念或微弱的觀念，若非有相應的印象為它們先行開闢道路，都不能出現於心中，可是想像並不受原始印象的次序和形式的束縛，而記憶卻在這方面可說是完全受到了束縛，沒有任何變化的能力。

顯而易見，記憶保持它的對象在出現時的原來形式，當我們回憶任何事情時，如果離開了這種形式，那一定是因為記憶官能的缺陷或不完備的緣故。一個歷史家為了敘述方便起見，或許會把前後事件顛倒敘述；但是他如果重視準確性的話；他會注意到這種顛倒了的次序，並且據此把那個後發生的事件的觀念放在它應有的位置。在回憶我們先前所熟悉的地方和人時，也是同樣情形。記憶的主要作用不在於保存簡單的觀念，而在於保存它們的次序和位置。總而言之，這個原則有那麼多的普通和慣見的現象作為根據，所以我們就可以無需再作進一步的討論了。

第二原則：想像可以
自由移置和改變觀念

我們的第二個原則也同樣是很明顯的，即想像可以自由地移置和改變它的觀念。我們在詩歌和小說中所遇到的荒誕故事使這一點成為毫無疑問。在那些故事中，自然界完全被混淆起來了，所提到的無非是飛馬、火龍和可怖的巨人。這種幻想的自由也是不足為奇的，當我們想到我們的一切觀念都是由我們的印象復現而來，而且任何兩個印象都不是完全不可分開的。更無須提到，這一點是觀念分成簡單和複合的區別的一個明顯的結果。想像只要在任何情況下看到觀念之間的差別，它便能很容易地加以分離。

第四節　論觀念間的聯繫或聯結

觀念的聯繫有三種：類似、
時空接近、因果關係

一切簡單觀念既然可以被想像加以分離，而且又可以被想像隨意結合於任何一種形式以內，所以這個官能如果不是受某些普遍原則所支配，使它在某種程度上在一切時間和地點內都可以保持一致，那麼，這個官能的各種作用將成為最不可解釋的了。觀念如果都是完全分散而不相聯繫，那就只有偶然的機會加以聯結；各個簡單觀念之間如無某種結合的線索、某種能聯結的性質，使一個觀念自然地引起另一個觀念，那麼這些簡單觀念便不會有規律地聯結成複合觀念（而事實卻通常是如此的）。觀念之間的這個結合原則不應該被認為是一種不可分離的聯繫，因為這種聯繫已被排除於想像之外；同時，我們也不應該斷言，如果沒有這種聯繫，心靈便不能結合兩個觀念，因為任何東西都沒有那個官能那樣自由；我們只可以把這種聯繫看作經常佔優勢的一種溫和的力量，這種力量也是——除了使其他事物聯繫之外——使各種語言極為密切地相應的原因；自然似乎向每個人指出最適於結合成一個複合觀念的那些簡單觀念。產生這種聯結，並使心靈以這種方式在各個觀念之間推移的性質共有三種：類似，時空接近，因果關係。

我想無需證明，這些性質在觀念之間產生一種聯結，並在一個觀念出現時自然地引起另一個觀念。顯然，在我們的思維過程中，在我們觀念的經常的轉變中，我們的想像很容易地從一個觀念轉到任何另一個和它類似的觀念，而且單是這種性質就足以成為想像的充分的聯繫和聯結的原則。同樣明顯的是，由於感官在變更它們的對象時必須作有規律的變更，根據對象的互相接近的次序加以接受，所以想像也必然因長期習慣獲得同樣的思想方法，並在想它的對象時依次經過空間和時間的各個部分。至於因果關係所造成的聯繫，我們以後還有機會加以徹底研究，因而現在不作詳細討論。這裏我們只要提一下：沒有任何關係能夠比因果關係在想像中產生更強的聯繫於觀念的對象之間，並使一個觀念更為迅速地喚起另一個觀念。

為了要了解這些關係的充分的範圍，我們必須注意，不但當一個對象與另一個對象直接相似、接近或是它的原因時，而且當兩者中間插入第三個對象、而這個對象對那兩個對象又都具有這些關係之一時，這兩個對象也可以在想像中聯繫起來。這種聯繫可以推得很遠，雖然在同時我們可以看到，每一步的推移會使關係大為減弱。第四服的堂兄弟是被因果關係聯繫起來的 (如果我可以用這個名詞的話)；但是這種聯繫的密切程度不及兄弟之間的聯繫，當然更不及父母和子女之間的聯繫。我們可以一般地說：一切血親關係是根據因果關係的，並且是隨各人中間所插入的起聯繫作用的原因的數目的多少，而定其遠近的。

在上述三種關係中，因果關係的範圍最為廣泛。不但當一個對象是另一對象的存在的原因時，而且當前者是後者的活動或運動的原因時，這兩個對象也都可以認為是處於因果關係之中。因為那種活動或運動在某種觀點下看來只是那個對象的自身，而且那個對象在它的種種不同的情況中又是保持同一不變，所以我們就很容易想像，對象之間的這種交互影響如何可以在想像中把它們聯繫起來。

......

觀念的聯繫是精神界的一種吸引作用

因此，這些原則就是我們簡單觀念之間的聯結或結合原則，並在想像中代替了那種在我們記憶中結合這些觀念的不可分離的聯繫。這是一種吸引作用 (attraction)，這種作用在精神界中正像在自然界中一樣，起着同樣的奇特作用，並表現於同樣多的、同樣地富於變化的形式中。這種吸引作用的效果到處都表現得很明顯；但是它的原因卻大體上都是不知道的，而必須歸結為人性中的原始性質，這種性質我並不妄想加以說明。一個真正的哲學家必須具備的條件，就是要約束那種探求原因的過度的慾望，而在依據充分數目的實驗建立起一個學說以後，便應該感到滿足，因他看到更進一步的探究將會使它陷入模糊的和不確實的憶測之中。在這種情況下，他如果只是查驗他的原則的效果，而不去探究它的原因，那麼他的研究工作將會得到更好的結果。

在觀念的這種結合或聯結的許多結果之中，最為顯著的就是構成我們思想和推理的共同題材，並一般地是產生於我們簡單觀念之間的某種結合原則的那些複合觀念。這些複合觀念可以分為關係(relation)、樣態(mode)和實體(substance)。我們將依次簡略地對這些觀念分別加以研究，並附帶討論一下我們的一般的和特殊的觀念，然後再結束現在這個題目——這個題目可以看作是我們這個哲學的基礎。

第五節　論關係

......

七種哲學關係

使各種對象能夠互相比較、並且產生出哲學上的關係觀念來的那些性質，如果一一加以列舉，也許會被認為是一種無休止的工作。但我們如果仔細地加以探究，我們就會發現，它們不難被歸納在七個總目之下，這七種關係可認為是一切哲學關係的根源。

(1) 第一就是類似關係 (resemblance)：任何哲學關係離開了這種關係就都不能存在，因為任何對象如果沒有幾分類似，就不能被人比較。但是，類似關係雖然是一切哲學關係所必需的，可是我們並不能因此就說，這種關係總是產生觀念的聯繫或聯結。當一種性質變得非常普通，成為許多個體所共有時，這種性質就不會直接使心靈注意任何一個個體，而是由於這種性質提供了一個太大的選擇範圍，因此就使想像無法固定在任何單一的對象上。

(2) 同一關係 (identity) 可以看作是第二種的關係。我在這裏所指的是在最嚴格意義下應用於恆常和不變的對象上的那種同一關係；我暫時不考究人格同一性的本性和基礎，留待以後再行討論。在一切關係中，同一關係最為普遍，它是一切具有持續存在時間的存在物所共有的。

(3) 同一關係之後，最普遍和最概括的關係就是空間和時間關係，這種關係是無數比較的源泉，例如遠、近、上、下、前、後等等。

(4) 凡可以度量或計數的一切對象，都可以在數量 (quantity) 或數目 (number) 上加以比較；這又是關係的另一個豐富的源泉。

(5) 當任何兩個對象具有一種共同的性質時，兩者各自所具有的這種性質的差別程度就構成了第五種的關係。例如兩個都是重的對象，其中一個比另一個或許是較重一些，或許是較輕一些。同一種類的兩片顏色，它們的色調也許不同，在那一方面就可以比較。

(6) 相反 (contrariety) 關係，初看起來，可以認為是上述 "沒有某種類似程度便不能有任何關係存在" 的那條規則的一個例外。不過我們可以注意，設有兩個觀念本身是相反的，除了存在和不存在這兩個觀念，而這兩個觀念顯然也是類似的，因為兩者都涵攝那個對象的觀念，雖然後一個 "不存在" 觀念把那個對象排除於它所不存在的一切時間和地點之外。

(7) 所有其他的對象，例如火和水，熱和冷等，只是根據經驗和它們的種種原因或結果的相反、而被人們發現為相反的，這種因果關係是第七種的哲學關係，也是一種自然的關係。這種關係中所涵攝的類似關係，將在以後加以說明。

人們自然會期望，我該把差異 (difference) 加在其他關係之後。不過我認為差異是關係的否定，而不是任何實在的或積極的東西。差異分為兩種，即與"同一"相反的差異或與"類似"相反的差異。前者可稱為數目上的差異；後者可稱為種類上的差異。

第六節　論樣態和實體

有一類哲學家把他們大量的推理建立在實體和偶有性的區別上，並且設想我們對兩者都具有清楚的觀念：我很想請問那些哲學家們，實體（substance）觀念是從感覺印象得來的呢，還是從反省印象得來的呢？如果實體觀念是從我們的感官傳給我們的，請問是從哪一個感官傳來的，並以甚麼方式傳來的？如果它是被眼睛所知覺的，那麼這個觀念必然是一種顏色；如果是被耳朵所知覺，那麼它必然是一種聲音；如果是被味覺所知覺，那麼它必然是一種滋味；其他感官也是如此。但是我相信，沒有人會說：實體或是一種顏色，或是一個聲音，或是一種滋味。因此實體觀念如果確實存在，它必然是從反省印象得來的。但是反省印象歸結為情感和情緒；兩者之中沒有一個能夠表象實體。因此，我們的實體觀念，只是一些特殊性質的集合體的觀念，而當我們談論實體或關於實體進行推理時，我們也沒有其他的意義。

實體觀念和樣態觀念都只是一些簡單觀念的集合

實體觀念正如樣態觀念一樣，只是一些簡單觀念的集合體，這些簡單觀念被想像結合了起來，被我們給予一個特殊的名稱，藉此我們便可以向自己或向他人提到那個集合體。但是這兩個觀念的差別在於：構成一個實體的一些特殊性質，通常被指為這些性質被假設為寓存其中的一種不可知的東西；即使沒有這種虛構，這些性質至少也被假設為由於接近和因果兩種關係而密切地和不可分離地聯繫起來的。這樣作的結果就是：我們只要一發現任何一個新的簡單性質與其他性質有相同的聯繫，我們就立刻把這種性質列入於其他性質之中，即使這個性質原來沒有加入最初的那個實體概念之中。例如我們的黃金觀念開始可能是一種黃色、重量、可展性、可熔性；可是當我們發現它在王水中的可溶性以後，我們就把這種性質加入到其他一些性質中間，並假設它屬於那個實體，就像它的觀念自始就是構成那個複合黃金觀念的一個部分。由於結合原則被認為是複合觀念的主要部分，這個原則就接納了後來出現的、並和其他最初出現的性質同樣地包括在那個複合觀念中間的任何性質。

樣態方面便不能有這種情形，只要研究一下樣態的本性，便可明瞭這點。構成樣態的那些簡單觀念所表象的性質不是被接近關係和因果關係所結合，而是分散於不同的主體中的；或者，這些觀念即使都結合在一起，而那個結合原則也並不被認為是那個複合觀念的基礎。跳舞的觀念是第一種樣態的例子，美麗的觀念是第二種樣態的例子。這類複合觀念只要接受了任何一個新的觀念，便要改變原來標誌這個樣態的名詞，這個理由是很明顯的。

第七節　論抽象觀念

> **認為一切一般觀念都只是附在某一名詞上的特殊觀念，這是近年來學術界最偉大最有價值的發現**

關於抽象觀念或一般觀念，已經有人提出了一個十分重要的問題，即當心靈想到這些觀念時，這些觀念是一般的呢，還是特殊的呢？在這一方面，一位② 大哲學家已經辯駁過在這個問題上的傳統見解，並且斷言，一切一般觀念都只是一些附在某一名詞上的特殊觀念，這個名詞給予那些特殊觀念以一種比較廣泛的意義，使它們在需要時喚起那些和它們相似的其他各個觀念來。由於我認為這一點是近年來學術界中最偉大、最有價值的發現之一，所以我將在這裏力求通過一些論證加以證實，希望這些論證將會使這一點成為毫無疑問和無法爭論。

顯然，在構成我們大部分的——即使不是全體的——一般觀念時，我們抽去一切在數量和性質上的特殊程度；而且一個對象也並不因為在它的廣袤、持續和其他性質方面的任何些微的改變，而不再屬於它原來的特殊種類。因此，我們可以認為這裏有一個在那些抽象觀念的本性方面起決定作用的明顯的困難，它為哲學家們提供了許多思辨材料。一個"人"的抽象觀念代表着種種身材不等、性質不同的人們；可以斷言，抽象觀念要做到這點，只有通過兩個途徑：或者同時表象一切可能的身材和一切可能的性質，或者根本不表象任何特殊的身材和性質。由於為前一個命題進行辯護已被認為是荒謬的，因為這就涵攝着心靈具有無限的才能，所以一般的推論都支持後一個命題；於是，我們的抽象觀念就被假設為既不表象任何特殊程度的數量，也不表象任何特殊程度的質量。但是，這個推論是錯誤的，我想在這裏加以說明。第一，我要證明，對於任何數量或質量的程度如果沒有形成一個明確的概念，那就無法設想這個數量或質量；第二，我要指出，心靈的才能雖然不是無限的，可是我們能在同時對於一切可能程度的數量和質量形成一個概念，這樣形成的概念不管是怎樣的不完全，至少可以達到一切思考和談話的目的。

......

自然界的一切事物都是特殊的，我們的一切觀念也都是特殊的

......哲學中有一個公認的原理，即自然界一切事物都是特殊的；要假設一個沒有確切比例的邊和角的三角形真正存在，那是十分謬誤的。因此，如果這種假設在事實上和實際上是謬誤的，那麼它在觀念上也必然是謬誤的；因為，我們對之能夠形成一個清楚和明晰的觀念的任何東西，沒有一個是不合理的和不可能的。但形成一個對象的觀念和單是形成一個觀念，是同一回事；把觀念參照一個對象，只是一種外加的名稱，觀念本身並不具有對象的任何標誌或特徵。我們既然不能形成一個只具有數量和質量、而不具有數量和質量的確切程度的對象觀念，所以我們同樣也就不能形成在這兩方面沒有限制和界限的任何觀念。因此，抽象觀念本身就是特殊的，不論它們在表象作用上變得如何的一

般。心中的意象只是一個特殊對象的意象，雖然在我們的推理中應用意象時好像它具有普遍性似的。

這樣把觀念應用得超出它們本性以外，乃是由於我們把觀念的一切可能程度的數量和質量粗略地集合起來去適應人生的目的；……當我們發現我們常見的各個對象之間有一種類似關係時，我們就把同一名稱應用於這些對象的全體，不論我們在它們的數量和質量的程度上看到甚麼差異，也不論其他甚麼樣的差異可能在它們中間出現。當我們養成了這種習慣之後，一聽到那個名稱，就會喚起這些對象之一的觀念，並使想像想起它以及它的一切特殊的細節和比例。但是由於那個名詞被假設為通常也應用於其他一些的個體，這些個體在許多方面和心中當前出現的那個觀念是不同的，而那個名詞又不能再現所有這些個體的觀念，所以它只是觸動了靈魂（如果我可以這樣說），喚起了我們通過觀察這些觀念而養成的那種習慣。這些觀念並不是實際上和事實上出現在心中，而只是處於一種潛能的狀態；我們也並非在想像中把它們全部一個一個明晰地描繪出來，我們只是受當前的目的或需要的指使；準備隨時觀察其中的任何一個。這個名詞喚起了一個具體觀念，連同某種習慣；這個習慣就會喚起我們可能需要的任何其他的個別觀念。但是，由於在大多數情況下這個名詞所指的全部觀念不可能都產生出來，我們就以一種比較片面的考慮簡化了這種工作，並且發現在我們的推理中這種簡化並未引起許多的不便。

......

> **我們使用一般名詞時形成的是個體觀念，但由此可喚起其他許多特殊觀念，因而人們把附在一般名詞上的這個個體觀念視為抽象的一般的觀念**

......不管怎樣，有一件事情是確定的，就是：當我們應用任何一般名詞時，我們所形成的是個體的觀念；就是，我們很少或絕不會把這些個體全部審察窮盡；而那些餘留下來的觀念，只是通過那種習慣而被表象的，只要當前有任何需要時，我們就可以藉這種習慣喚起這些觀念來。這就是我們抽象觀念和一般名詞的本性；我們就是以這個方式來說明前面所提出的那個似非而是的說法，即某些觀念在它們的本性方面是特殊的，而在它們的表象方面卻是一般的。一個特殊觀念附在一個一般名詞以後，就成為一般的了，這就是說，附在這樣的一個名詞上，這個名詞由於一種習慣的聯繫，對其他許多的特殊觀念都有一種關係，並且很容易把那些觀念喚回想像中來。

這個題目所可能留下來的惟一的困難，必然是在於可以那樣容易地喚起我們可能需要的每一特殊觀念的那種習慣，那種習慣是被我們通常附在觀念上的任何名詞或語音所刺激起的。據我看來，對這種心靈活動要想給以一個滿意的說明，最恰當的方法就是舉出一些和它相似的其他的例子、以及促進它的活動的其他原則來。要說明我們心靈活動的最終原因是不可能的。我們只要能夠根據經驗和類比給以任何滿意的解釋，也就夠了。

……

---

① 我在此處所用印象和觀念這兩個名詞，其含義與通常的意義不同，我希望能有這種用詞的自由。洛克先生曾用"觀念"一詞表示我們的全部知覺，違反了它的本義；我現在應用這個詞，或者寧可說是恢復了它的本義。我所謂印象，讀者請勿誤會我是用以表示生動的知覺產生於心靈中時的方式，我只是指知覺的本身；無論在英語中或在我所知的其他任何語言中，對於這些知覺都沒有專用的名詞。

② 貝克萊博士。

第 2 章

論空間和時間觀念

第六節　論存在觀念和外界存在觀念

……

　　我們可以意識到的或記憶起的一切印象或觀念，沒有一個不可以被想像為存在的。顯而易見，存在 (being) 的最完善的觀念和理據是從我們的這種意識得來的。根據這點，我們就可以形成一個可以設想到的最清楚的、最有決定性的兩端論法，即：我們既然在記憶起任何觀念或印象時，總是要賦予它以存在，所以存在觀念如果不是由一個與每一個知覺或思想的對象聯結着的獨立印象得來，必然就和知覺觀念或對象觀念是同一的。

存在觀念並非來自任何特殊印象

　　這個兩端論法既然是每一個觀念都是來自　個相似的印象那原則的一個明顯的結論，所以我們對於這個兩端論法的兩端命題的決定是沒有甚麼更多的懷疑的。不但完全沒有任何獨立的印象伴隨着每個印象和每個觀念，而且我還不以為有任何兩個獨立印象是不可分離地聯結着的。某些感覺雖然有時會結合起來，可是我們迅速發現它們可以分離，可以分別地呈現。由此看來，我們所記憶的每一個印象和觀念雖然可以被認為是存在的，存在觀念卻並非由任何特殊的印象得來的。

存在觀念和被想像為存在的東西的觀念是同一的

因此，存在觀念和我們想像為存在的東西的觀念是同一的。單純地反省任何東西和反省它是存在的，這兩件事並無不同之處。存在觀念在和任何觀念結合起來時，並沒有對這個觀念增加任何東西。不論我們想像甚麼，我們總是想像它是存在的。我們任意形成的任何觀念都是一個存在的觀念；一個存在的觀念也是我們所任意形成的任何觀念。

任何人要反對這個說法，就不得不指出由實在物觀念所獲得的那個獨立印象，並且必須證明，這個印象與我們相信其為存在的每個知覺都是不可分離的。我們可以毫不遲疑地斷言，這一點是做不到的。

……

除了心靈的知覺之外，不
能想像任何其他的存在

同樣的推理也可以説明外界存在的觀念。我們可以説，哲學家們公認的、並且本身也相當明顯的一個理論就是：除了心靈的知覺或印象和觀念以外，沒有任何東西實際上存在於心中，外界對象只是藉着它們所引起的那些知覺才被我們認識。恨、愛、思維、觸、視：這一切都只是知覺。

心中除了知覺以外既然再也沒有其他東西存在，而且一切觀念又都是由心中先前存在的某種東西得來的；因此，我們根本就不可能想像或形成與觀念和印象有種類差別的任何事物的觀念。我們縱然盡可能把注意轉移到我們的身外，把我們的想像推移到天際，或是一直到宇宙的盡處，我們實際上一步也超越不出自我之外，而且我們除了出現在那個狹窄範圍以內的那些知覺以外，也不能想像任何一種的存在。這就是想像的宇宙，除了在這個宇宙中產生出來的觀念以外，我們也再沒有任何觀念了。

外界對象如果被假設為與我們的知覺有種類差別，那麼我們在想像它們時所能達到的最大限度，就是對它們形成一個關係觀念，而並不自以為理解了那些關聯着的對象。一般說來，我們並不假設它們有種類差別，而只是賦予它們以不同的關係、聯繫和持續。……

第 *3* 章

論知識和概然推斷

第一節　論知識

*七種哲學關係可分為兩類：一類
關係完全決定於所比較的各個觀
念，一類關係則在其相關的各個
觀念保持不變的情況下發生變化*

　　有七種[①] 不同的哲學關係，即類似、同一、時間和空間關係、數量或數的比例、任何性質的程度、相反和因果關係。這些關係可以分為兩類：一類完全決定於我們所比較的各個觀念，一類是可以不經過觀念的任何變化而變化的。我們是從一個三角形的觀念、發現它的三個角等於兩個直角的這樣一種關係；只要我們的觀念不變，這種關係也就不變。相反，兩個物體間的接近和遠隔的關係，可以僅僅由於它們的位置的改變而有所變化，並不需要對象自身或它們的觀念有所變化；這種位置決定於心靈所不能預見的千百種不同的偶然事件。同一關係和因果關係也是一樣。兩個對象雖然完全類似，甚至在不同時間出現於同一位置，但是它們可以在數量上有所不同；至於一個對象產生另一個對象的那種能力既然決不能單是從它們的觀念中發現出來的，因此，原因和結果顯然是我們從經驗中得來的關係，而不是由任何抽象的推理或思考得來的關係。沒有任何一個現象——即使是最簡單的——可以根據出現於我們面前的對象的性質而加以說明的，或者是我們可以不藉着記憶和經驗的幫助而預見的。

類似、相反、性質程度、數量比例四種關係完全決定於觀念，是知識的對象

由此看來，七種哲學關係之中，只有四種完全決定於觀念，能夠成為知識和確實性的對象。這四種是類似、相反、性質的程度和數量或數的比例。這些關係中有三種是一看便可以發現出的，它們恰當地應該屬於直觀的範圍，而不屬於理證的範圍。當任何一些對象互相類似時，這種類似關係首先就刺激眼睛，或者不如說是刺激心靈，很少需要再一次的探究。相反關係和任何性質的程度也是同樣情

形。沒有人能夠有一次懷疑，存在與不存在互相消滅，並且是完全不相容的和相反的。當任何性質如顏色、滋味、熱、冷等的程度差異十分微小時，我們雖然不可能精確地加以判斷，可是當它們的差異是巨大的時候，那就很容易決定它們中間某一種較另一種強些或弱些。無需任何研究或推理，我們一看就可以作出這個決定。

在確定數量或數的比例時，我們也可以照同一方式進行，並在一見之下就可以觀察出任何數或形之間的較大或較小，尤其是當這種差異是很大而顯著的時候。至於相等或任何精確的比例，我們從單獨一次的探究只能加以猜測。很小的數和很有限的廣袤部分是一個例外；這些是立刻可以了解的，而且我們在這裏也覺察到自己不容易陷於任何重大的錯誤。在其他一切情形下，我們必然只能粗略地決定比例，或者必須在比較人為的方式下進行決定。

我已經說過，幾何學或者說確定形的比例的那個技術，雖然就普遍性和精確性而論遠遠超過感官和想像的粗略判斷，可是也永遠達不到完全確切和精確的程度。幾何學的最初原理仍然是由對象的一般現象得來的，而當我們探究自然所容許的極小的對象時，那種現象就絕不能對我們提供任何保證。我們的觀念似乎給予我們一個完全的保證：沒有兩條直線能有一個共同的線段；但是我們如果考究這些觀念，我們就會發現，它們總是假設着兩條直線的一種可感知的傾斜度，而當它們所形成的角是極其微小的時候，我們便沒有那樣精確的一條直線標準，可以向我們保證這個定理的真實。數學中大多數的原始判斷也都是同一情形。

因此，就只剩下代數學和算術這兩種僅有的科學，在這兩門科學中，我們能夠把推理連續地推進到任何複雜程度，而同時還保存着精確性和確實性。我們有一個精確標準，我們能根據它去判斷一些數的相等和比例；按照數的是否和這個標準符合，我們確定它們的關係，而不至有任何錯誤的可能。當兩個數是那樣地結合起來，其中一個數所含的單位與另一個數所含的單位永遠相應的時候，我們就斷言那兩個數是相等的，而幾何學正是由於缺乏那樣一個在廣袤方面的相等標準，因此難以認為是一個完善和無誤的科學。

我說，幾何學雖然缺乏算術和代數學所特有的那種完全精確性和確實性，可是比起我們感官和想像的不完善的判斷來，仍然是優越的。這種說法可能會引起一個困難，我們應該在這裏把這個困難消解一下。我所以認為幾何學有缺點，其理由在於它的原始的和基本的原理只是由現象得來的；有人或許會設想，這個缺點必然永遠伴隨着幾何學，使幾何學在比較它的對象或觀念的時候，永遠不能達到比我們的眼睛或想像單獨所能達到的精確性更大的精確性。我承認這種缺點總是跟隨着它，使它永遠不能期望達到充分的確實性：但是由於這些基本的原理建立於最簡易而最少欺騙性的現象上面，這些原理就給與它們的結論以一種精確程度，這種精確程度是這些結論單獨地所不能達到的。人的眼睛不能斷定千邊形的角等於一九九六個直角，或作出任何和這個比例接近的推測；但是當它斷定、幾條直線不能相合和在兩點之間我們不能畫一條以上的直線時，它的錯誤決不會是很大的。這就是幾何學的本性和功用：它使我們一直研究到那些現象，這些現象由於它們的簡易性，不至於使我們陷於重大的錯誤。

……

第二節　論概然推斷；並論因果觀念

同一關係、時空位置和因果關係是不由觀念所決定的三種關係

關於作為科學基礎的那四種關係，我所認為必

須要説的，就只是這些。但是其他三種關係卻並不由觀念所決定，並且即使在那個觀念保持同一的時候，這些關係也可以存在，也可以不存在；關於這些關係，應該作比較詳細的説明。這三種關係是同一關係、時空中間的位置和因果關係。

一切推理都只是比較和發現兩個或較多的對象彼此之間的那些恆常的或不恆常的關係。不論當兩個對象都呈現於感官之前的時候或者當兩者都不呈現於感官之前的時候，或者當只有一個呈現出來的時候：我們都可以進行這種比較。當兩個對象連同它們的關係呈現於感官之前的時候，我們把這種情形稱為知覺，而不把它稱為推理，在這種情形下，恰當地説，並沒有運用任何思想或活動，而只是通過感覺器官被動地接納那些印象。根據這種思維方式，我們就不應當把我們關於同一關係以及時間和空間關係所作的任何觀察看作推理，因為在這兩種關係的任何一種關係中間，心靈都不能超出了直接呈現於感官之前的對象，去發現對象的真實存在或關係。只有因果關係才產生了那樣一種聯繫，使我們由於一個對象的存在或活動而相信，在這以後或以前有任何其他的存在或活動；其他兩種關係也只有在它們影響這種關係或被這種關係所影響的範圍以內，才能在推理中被應用。任何一些對象中都沒有東西可使我們相信，它們或是永遠遠隔的、或是永遠接近的；當我們根據經驗和觀察發現它們在這一方面的關係是不變的時候，我們就總是斷言，有一種秘密原因在分離它們或結合它們。這種推理也可推廣到同一關係。一個對象雖然好幾次在我們感官之前時隱時現，我們也容易假設它的個體繼續是同一不變的，而且知覺雖然間斷，我們還是認為它有同一性；我們總是斷言，如果我們的眼睛不停地看着它，我們的手不停地觸着它，它會傳來一個不變的和不間斷的知覺。但是超出我們感官印象之外的這個結論只能建立於因果的聯繫上面，除此以外我們也沒有任何保證，足以保證我們的對象沒有變化，不論這個新的對象如何類似於先前呈現於感官之前的那個對象。每當我們發現那樣一種完全的類似關係時，我們就考究這種關係是否是那一類對象所共有的；是否可能有或者很可能有某種原因起着作用去產生那種變化和類似關係；根據我們對這些原因和結果所作的斷定，我們就形成了關於那個對象的同一性的判斷。

**因果關係是不由觀念決定的三種
關係中惟一能推測到感官之外的**

由此看來，在不單是由觀念所決定的那三種關係中，惟一能夠推溯到我們感官以外，並把我們看不見、觸不著的存在和對象報告給我們的，就是因果關係。因此，在我們結束關於知性這個題目之前，我們將力求充分地說明這種關係。

依照常規着手，我們必須先考究因果關係的觀念，並且看它是從甚麼來源獲得的。如果我們沒有完全理解我們要對它進行推理的觀念，我們便不可能進行正確的推理；而我們若不是把一個觀念追溯到它的根源，並研究產生它的那個原始印象，也就不可能完全理解那個觀念。探究印象，可以使觀念顯得清楚；探究觀念，同樣也可以使我們的全部推理變得清楚。

因此，我們可以觀察我們所稱為原因和結果的任何兩個對象，把它們的各方面反覆檢查，以便發現產生那樣一個極度重要的觀念的那個印象。初看起來，我就覺察到，我一定不能在對象的任何特定性質中去尋求這個印象；因為我從這些性質中不論選定哪一種，我總是可以發現某種雖然沒有那種性質、可是仍然歸在原因或結果的名稱之下的對象。的確，不論外界或內心存在的任何東西，沒有一個不被認為是一個原因或一個結果的，雖然很明顯地沒有任何性質普遍地屬於一切的存在，使它們應該得到那個名稱。

原因和結果總是接近的

因此，因果關係的觀念必然是從對象間的某種關係得來；現在我們必須力求發現那種關係。第一，我發現，凡被認為原因或結果的那些對象總是接近的；任何東西在離開了一點它的存在的時間或地點的以外的任何時間或地點中，便不能發生作用。互相遠隔的對象雖然有時似乎互相產生，可是一經考察，它們往往會被發現是由一連串原因聯繫起來的，這些原因本身是互相接近的，並和那些遠隔的對象也是接近的；而當在任何特殊例子中我們發現不出這種聯繫的時候，我們仍然假設有這種聯繫存在。因此，我們可以把接近關係認為是因果關係的必要條件。我們至少可以根據一般的意見假設它是如此；以後我們將找到一個比較適當的機會，來研究哪些對象能夠並列和結合，哪些對象不能夠如此，藉以澄清這個問題。

原因在時間上先於結果

我將認為原因與結果的必要條件的第二種關係，不是那樣地被普遍公認的，而是很可能引起某種爭論的。那就是在時間上因先於果的關係。有些人主張，原因並不是絕對必然地先於它的結果；任何對象或活動在它存在的最初一剎那，就可以發揮它的產生性質 (productive quality)，產生與它完全同時的另一個對象或活動。不過，在大多數的例子中，經驗似乎反駁了這種意見；除此以外，我們還可以藉一種推論或推理來建立因先於果的這個關係。在自然哲學和精神哲學中，有一個確立的原理，即一個對象如在充分完善的狀態下存在了一個時期，而卻沒有產生另一個對象，那它便不是那另一個對象的惟一原因；它就需要其他的原則加以協助，把它從不活動狀態中推動起來，使它發揮它所隱含的那種能力。但是，如果有任何原因可以和它的結果完全同時的話，那麼根據了這個原理就可以確定一切原因和結果都是如此；因為其中任何一個只要在一剎那間延緩它的作用，那麼它在原來該活動的那個剎那並不曾發揮它的作用，因而就不是一個恰當的原因。由此而來的結果就無異是毀滅了我們在世界上所觀察到的原因的那種一連串的接續，並且確實也是把時間完全消滅了。因為，如果一個原因和它的結果是同時的，這個結果又和它的結果是同時的，這樣一直推下去。那麼顯然就不會有接續這樣一個現象，而一切對象必然就都是同時存在的了。

如果這個論證顯得令人滿意，那就很好。如果不是如此，那麼我請求讀者允許我在前面那種情形下所擅用的那種自由，即暫時假設它是這樣的。因為他將會發現，這件事情並沒有甚麼重大關係。

在這樣發現了或假設了接近關係和接續關係是原因和結果的必要條件以後，我就發現我猛然停住，而在考察任何單獨的一個因果例子方面不能再往前進了。在撞擊的時候，一個物體的運動被認為是另一個物體運動的原因。當我們以極大注意考究這些對象的時候，我們只發現一個物體接近另一個物體，而且它的運動先於另一個的運動，但其間並沒有任何可感知的時間間隔。在這個題目上，我們即使再進一步竭力去思索和思考，也是絲毫沒有益處的。在考究這一個特殊的例子中，我們並不能再進一步了。

如果有人拋開這一例子，妄想給原因下一個定義說，它是能夠產生其他東西的一種東西，那他顯然是甚麼也沒有說。因為他所謂產生是甚麼意思呢？他能給產生下一個與原因作用的定義不同的任何定義麼？如果他能夠，我希望他把這個定義說出來。如果不能，那他就是在這裏繞圈子，提出了一個同義詞，並沒有下一個定義。

原因和結果有一種必然的聯繫

那麼我們是否就該滿足於接近和接續這兩種關

係，以為它們可以提供一個完善的原因作用的觀念呢？完全不是這樣。一個對象可以和另一個對象接近、並且是先在的，而仍不被認為是另一個對象的原因。這裏有一種必然的聯繫應當考慮。這種關係比上述兩種關係的任何一種都重要得多。

這是我又把這個對象的各方面反覆加以觀察，以便發現這種必然聯繫的本性，並發現這個聯繫觀念所可能由以獲得的那一個印象或一些印象。當我觀察對象的已知性質時，我立刻發現因果關係絲毫也不依靠它們。當我探究它們的關係時，我只能發現接近關係和接續關係，而這兩種關係我已認為是不完全的、不滿意的。我既然沒有成功的希望，那麼我是否便可以因此說，我在這裏有一個並無任何類似印象在它之先出現的觀念呢？這就會斷然地證明我的輕率和易變；因為與此相反的一個原則已經那樣堅定地確立起來，不容有進一步的懷疑了；至少在我們比較充分地研究了現在這個困難之前，那個原則是不容懷疑的。

有些人在尋找一種掩藏起來的東西，而在他們所預期的地方找尋不到時，就毫無確定的觀點或計劃，只是在附近各處遍處搜索，希望他們的好運氣最後會引導他們碰到他們所尋找的東西。我們現在也必須仿效這些人的做法。對於進入因果觀念中的

那個必然聯繫的本質的問題，我們必須放棄直接的
觀察，而力圖去發現其他一些問題，加以探究，這
種探究或許會提供一個線索，有助於澄清現在的困
難。這些問題共有兩個，我將加以探究。

第一，我們有甚麼理由說，每一個有開始的存
在的東西也都有一個原因，這件事是必然的呢？

第二，我們為甚麼斷言，那樣一些的特定原因
必然要有那樣一些的特定結果呢？我們的因果互推
的那種推論的本性如何，我們對這種推論所懷的信
念（belief）的本性又是如何？

……

第六節　論從印象到觀念的推斷

我們很容易看到，在追溯這種關係時，我們從
因到果的推斷，不是單從觀察這些特定的對象得來
的，也不是由於我們洞察對象的本質，因而發現它
們彼此的依賴關係而得來的。沒有任何對象涵攝其
他任何對象的存在，如果我們只考究這些對象本
身，而不看到我們對它們所形成的觀念以外。這樣
一個推斷就等於是知識，並且意味着：想像任何與
此差異的東西是絕對矛盾的、不可能的。但是由於
一切各別的觀念都是可以分離的，所以顯然不會有

這類的不可能性。當我們由當前的一個印象轉移到任何對象的觀念時,我們可能把那個觀念和那個印象分開,而以其他任何觀念來代替它。

因此,我們只能根據經驗從一個對象的存在推斷另外一個對象的存在。經驗的本性是這樣的。我們記得曾有過一類對象的存在的常見例子;並且記得,另一類對象的個體總是伴隨着它們,並且和它們處於經常的接近秩序和接續秩序中。例如,我們記得曾經看到我們所稱為火燄的那一類對象,並且曾經感到我們所稱為熱的那種感覺。我們也回憶起那些對象在過去一切例子中的恆常結合(constant conjunction)。沒有經過任何進一步的程序,我們就把一個稱為原因,把另一個稱為結果,並由一個的存在推斷另一個的存在。在我們所親見的特定原因和結果結合在一起的所有那些例子中,原因和結果都曾被感官所知覺,並被記憶下來。但是在我們對它們進行推理的一切情形下,只有一項被知覺或被記憶,而另外一項卻是依照我們過去的經驗加以補足的。

因果之間有一種恆常結合的關係

這樣,在研究進程中,我們在根本想不到、而完全在研究其他題目的時候,卻不知不覺地發現了因果之間的一個新的關係。這個關係就是它們的恆常結合。接近和接續並不足以使我們斷言任何兩個對象是因和果，除非我們覺察到，在若干例子中這兩種關係都是保持着的。我們現在可以看到，為了發現構成因果關係那樣一個必需部分的那種必然的聯繫的本性，不去直接研究這種關係有甚麼益處。我們大可希望通過這個方法最後達到我們所提出的目的；雖然，說實在話，這個新被發現的恆常結合關係，似乎在我們的研究道路上使我們前進不了多遠。因為它的含義只不過是，相似的對象永遠被置於相似的接近和接續關係中；而且至少初看起來，我們似乎顯然不能藉着這種關係發現任何新的觀念，我們只能加多、而不能擴大我們心靈的對象。有人也許會想，我們從一個對象所不能發現的東西，我們也永遠不能從一百個種類相同的、並在每一個條件方面都完全類似的對象那裏發現。我們的感官在一個例子中給我們指出處於某種接續關係和接近關係中的兩個物體、運動或性質；我們的記憶也只是把我們永遠發現為處於相似關係中的相似物體、運動或性質的許多例子呈現給我們。單是把任何過去的印象即使重複無數次，也永不能產生任何新的原始觀念，如像必然聯繫的觀念那樣；在這裏，許多的印象比我們單限於一個印象時、並沒有更大的影響。這種推理雖然似乎是正確而明顯的，可是如果我們失望得太早，那也未免愚蠢；所以我們還是把討論的線索繼續下去。我們既然知道，在發現了任何一些對象的恆常結合以後，我們總是要由一個對象推斷另一個對象，所以我們現在就可以研究那種推斷的本性，以及由印象向觀念的那種推移過程的本性。最後我們也許會看到，那個必然的聯繫依靠於那種推斷，而不是那種推斷依靠於必然的聯繫。

從呈現於記憶或感官之前的一個印象到我們稱為原因或結果的那個對象的觀念的那個推移過程，看來既然是建立於過去的經驗之上，建立於我們對於它們的恆常結合的記憶之上，那麼其次的問題就是：經驗是藉着知性，還是藉着想像產生這個觀念的呢？我們是被理性所決定而作這種推移呢，還是被各個知覺的某種聯想和關係所決定而作這種推移呢？

……

心靈從一個對象的觀念推移到另一對象的觀念，不是由理性決定的

……理性永遠不能把一個對象和另一個對象的聯繫指示給我們，即使理性得到了過去一切例子中

對象的恆常結合的經驗和觀察的協助。因此,當心靈由一個對象的觀念或印象推到另一個對象的觀念或信念的時候,它並不是被理性所決定的,而是被聯結這些對象的觀念並在想像中加以結合的某些原則所決定的。如果觀念在想像中也像知性所看到它們那樣沒有任何結合的話,那末我們就不可能由原因推到結果,也不會對於任何事實具有信念。因此,這種推斷是單獨地決定於觀念的結合的。

……

因果概念是在過去一切事例中恆常結合而不分離那些對象的概念

但是,我雖然承認這是觀念的聯結的一個真正原則,可是我肯定它和因果觀念之間的結合原則是一回事,並且是我們根據因果關係所進行的一切推理中的一個必需的部分。我們所有的因果概念只是向來永遠結合在一起並在過去一切例子中都發現為不可分離的那些對象的概念,此外再無其他的因果概念。我們不能洞察這種結合的理由。我們只觀察到這件事情自身,並且總是發現對象由於恆常結合就在想像中得到一種結合。當一個對象的印象呈現給我們的時候,我們立刻形成它的通常伴隨物的觀念;因而我們可以給意見 (opinion) 或相信下一個部分的定義説：它是與現前一個印象關聯着或聯結着的觀念。

由此看來，因果關係雖然是涵攝着接近、接續和恆常結合的一種哲學的關係，可是只有當它是一個自然的關係、而在我們觀念之間產生了一種結合的時候，我們才能對它進行推理，或是根據了它推得任何結論。

……

第八節　論信念的原因

……

習慣即經驗的重複是任何信念產生的根源

……我發現，一個印象在其初次出現時，我雖然不能由它推得一個結論，可是當我後來經驗到它的通常結果時，它就可以成為信念的基礎。在每一種情形下，我們都必然已經在若干過去的例子中觀察到同一印象，並且發現它和其他某種印象經常結合在一起。這是被那樣多的實驗所證實的，不容有絲毫的懷疑。

……伴隨現前印象而來、並由過去許多印象和許多次結合所產生的這個信念，乃是直接發生的，並沒有經過理性或想像的任何新的活動。對於這一點我是可以確定的，因為我從來不曾意識到任何那樣的活動，並且在主體方面也發現不出可以作為這種信念的基礎的任何東西。凡不經任何新的推理或結論而單是由過去的重複所產生的一切，我們都稱之為習慣 (custom)，所以我們可以把下面一種說法立為一條確定的真理，即凡由任何現前印象而來的信念，都只是由習慣那個根源來的。當我們習慣於看到兩個印象結合在一起時，一個印象的出現 (或是它的觀念) 便立刻把我們的思想轉移到另一個印象的觀念。

......

第十四節　論必然聯繫的觀念

因果有必然聯繫的觀念來自心靈的習慣，來自因果總是相隨重複出現而產生的一種印象

我們已經說明了在甚麼方式下，我們的推理進行到我們的現前印象以外，並且斷言，某些特殊原因必然有某些特殊結果；我們現在必須循着原來的路線返回去探究那個首先出現於我們之前②，而在中途為我們所擱置起來的問題，就是：當我們說，兩個對象必然聯繫着的時候，我們的必然觀念是甚麼。對於這個題目，我要重複我在前面常常需要一再提說的話，就是：我們既然沒有一個不是從印象得來的觀念，所以我們必須找出產生這個必然觀念來的某個印象，如果我們說，我們真正有那樣一個觀念的話。為了達到這個目的，我就考究，人們平常假設必然性是寓存於甚麼對象之中。我在發現了必然性永遠被人歸於原因和結果以後，於是我就轉過來觀察人們所假設為處於因果關係中的兩個對象，並就那兩個對象所能處於其中的一切情況對它們加以考察。我立刻看到，這兩個對象在時間和地點兩方面都是接近的，而且我們所稱為原因的那個對象先行於我們所稱為結果的那另一個對象。在任何例子中，我都不能再前進一步；我也不能再發現這些對象之間的任何第三種關係。於是我就擴大視野，觀察若干例子；在那裏，我發現相似的對象永遠處於相似的接近關係和接續關係中。初看起來，這似乎對我的目的毫無幫助。對於幾個例子進行反省只是重複同樣一些對象，因而不能產生一個新的觀念。但是在進一步探討之後，我發現，重複作用在每一個情況中並不都是同樣的，它產生了一個新的印象，並因而產生了我現在所要探究的那個觀念。因為在屢次重複之後，我發現，在這些對象之一出現的時候，心靈就被習慣所決定了去考慮它的通常伴隨物，並因為這個伴隨物與第一個對象的關係，而在較強的觀點下來考慮它。給我必然觀念的就是這個印象或這種決定。

......

因果必然性的本質在於由
因向果的習慣性的推論

因果的必然聯繫是我們在因果之間進行推斷的基礎。我們推斷的基礎就是發生於習慣性的結合的推移過程。因此，它們兩者是一回事。

必然性觀念發生於某種印象。一切由感官傳來的任何印象都不能產生這個觀念。因此，它必然是由某種內在印象或反省印象得來的。沒有一個內在印象與現在的問題有任何關係，與現在問題有關係的只有習慣所產生的由一個對象推移到它的通常伴隨物的觀念上的那種傾向。因此，這就是必然性的本質。整個說來，必然性是存在於心中，而不是存在於對象中的一種東西；我們永遠也不可能對它形成任何那怕是極其渺茫的觀念，如果它被看作是物體中的一種性質的話。或者我們根本沒有必然性觀念,或者必然性只是依照被經驗過的結合而由因及果和由果及因進行推移的那種思想傾向。

正如使二乘二得四和三角形三內角之和等於兩直角的那種必然性,只存在於我們藉以思考並比較這些觀念的那個知性作用中一樣,結合原因和結果的那種必然性或能力,同樣地存在於心靈在因果之間進行推移的那種傾向中。原因的效能或功能既不存在於原因本身,也不存在於神,也不存在於這兩個原則的結合中;而完全是屬於思考過去全部例子中兩個或更多對象的結合的那個心靈。原因的真正能力、連同其聯繫和必然性,都在於這裏。

……

第十五節　判斷原因和結果所依據的規則

依照前面的學說,如果單憑觀察,不求助於經驗,那末我們便不能確定任何對象為其他對象的原因;我們也不能在同樣方式下確實地斷定某些對象不是原因。任何東西都可以產生任何東西。創造、消滅、運動、理性、意志;所有這些都可以互相產生,或是產生於我們所能想像到的其他任何對象。我們如果將上述兩個原則比較一下,那末這個說法也並不顯得奇特:上述的兩個原則的一個就是:各個對象的恆常結合決定了它們的因果關係，另一個就是①：恰當地說，除了存在和不存在之外，沒有對象是互相反對的。不論甚麼地方，對象如果不是互相反對的，那裏就沒有東西阻止它們發生因果關係全部所依靠的那種恆常的結合。

因果關係的若干基本特徵

一切對象既然都有互為因果的可能，那麼如果確定一些通則，使我們藉以知道它們甚麼時候確實是那樣的，那可能是適當的。

1. 原因和結果必須是在空間上和時間上互相接近的。

2. 原因必須是先於結果。

3. 原因與結果之間必須有一種恆常的結合。構成因果關係的，主要是這種性質。

4. 同樣原因永遠產生同樣結果，同樣結果也永遠只能發生於同樣原因。這個原則我們是由經驗得來的，並且是我們大部分哲學推理的根源。因為當我們藉着任何清楚的實驗已經發現出任何現象的原因或結果的時候，我們不等待衍生這個最初關係觀念的那種恆常重複，立刻就把我們的觀察推到每一個同類現象上。

5. 還有另外一個原則是依靠着這個原則的，就是：當若干不同的對象產生了同樣結果時，那一定是藉着我們所發現的它們某種共同性質。因為相似的結果既然涵攝相似的原因，所以我們必須永遠把那種原因作用歸於我們所發現為互相類似的那個條件。

6. 下面的原則也是建立於同樣的理由。兩個相似對象的結果中的差異，必然是由它們互相差異的那一點而來。因為，相似的原因既然永遠產生相似的結果，那麼在任何例子中我們如果不能實現我們的預料，我們便必須斷言，這種不規則性是由那些原因中某種差異而來。

7. 當任何對象隨着它的原因的增減而增減時，那個對象就應該被認為是一個複合的結果，是由原因中幾個不同部分所發生的幾個不同結果聯合而生。這裏人們假設，原因的一個部分的不存在或存在永遠伴有結果中一個相應部分的不存在或存在。這個恆常的結合就充分證明了一個部分是另一個部分的原因。不過我們必須小心不要從少數實驗中推出這樣一個結論。例如某種程度的熱給人快樂；如果你減少那種熱，快樂也就降低；不過並不能由此推斷說，如果你把熱加大到超出了某種限度，快樂也同樣會增加；因為這時我們發現，快樂就變為痛苦了。

8. 我所要提出的最後第八條規則是：如果一個

對象完整地存在了任何一個時期，而卻沒有產生任何結果，那末它便不是那個結果的惟一原因，而還需要被其他可以推進它的影響和作用的某種原則所協助。因為相似的結果既是必然在接近的時間和地點中跟隨着相似的原因，所以它們的暫時分離就表明，這些原因是不完全的原因。

我所認為在我的推理中應該運用的全部邏輯就是這樣，甚至這一套邏輯或許也不是很必需的，而是可以被人類知性的自然原則所代替的。……

---

① 第一章，第五節。
② 第二節。
③ 第一章，第五節。

第 *4* 章

論懷疑主義哲學體系和其他哲學體系

......

第六節　論人格的同一性

有些哲學家認為自我存在及其同一性是確實無疑的

有些哲學家們認為我們每一刹那都親切地意識到所謂我們的自我；認為我們感覺到它的存在和它的存在的繼續，並且超出了理證的可信程度那樣地確信它的完全的同一性和單純性。他們說，最強烈的感覺和最猛烈的情感，不但不使我們放棄這種看法，反而使我們更深刻地固定這種看法，並且通過它們所帶來的痛苦或快樂使我們考慮它們對自我的影響。要想企圖對這一點作進一步的證明，反而會削弱它的明白性，因為我們不能根據我們那樣親切地意識到的任何事實，得出任何證明；而且如果我們懷疑了這一點，那末我們對任何事物便都不能有所確定了。

不幸的是：所有這些肯定的説法，都違反了可以用來為它們辯護的那種經驗，而且我們也並不照這裏所説的方式具有任何自我觀念。因為這個觀念能從甚麼印象得來呢？要答覆這個問題，就不能不陷於明顯的矛盾和謬誤；可是我們如果想使自我觀念成為清楚而可理解的，那末這個問題就必須要加以答覆。產生每一個實在觀念的，必然是某一個印象。但是自我或人格並不是任何一個印象，而是我們假設若干印象和觀念所與之有聯繫的一種東西。如果有任何印象產生了自我觀念，那麼那個印象在我們一生全部過程中必然繼續同一不變；因為自我被假設為是以那種方式存在的。但是並沒有任何恆定而不變的印象。痛苦與快樂、悲傷與喜悦、情感和感覺，互相接續而來，從來不全部同時存在。因此，自我觀念是不能由這些印象中任何一個或從任何別的印象得來的；因此，也就沒有那樣一個觀念。

我只能感知一些特殊的知覺，並不能感知一個單純同一的自我

但是再進一步説，依照這個假設，我們的一切特殊知覺又必然成了甚麼樣子呢？所有這些知覺都

是互相差異、並且可以互相區別、互相分離的，因而是可以分別考慮，可以分別存在，而無需任何事物來支持其存在的。那麼，這些知覺是以甚麼方式屬於自我，並且是如何與自我聯繫着的呢？就我而論，當我親切地體會我所謂我自己時，我總是碰到這個或那個特殊的知覺，如冷或熱、明或暗、愛或恨、痛苦或快樂等等的知覺。任何時候，我總不能抓住一個沒有知覺的我自己，而且我也不能觀察到任何事物，只能觀察到一個知覺。當我的知覺在一個時期內失去的時候，例如在酣睡中，那麼在那個時期內我便覺察不到我自己，因而真正可以說是不存在的。當我因為死亡而失去一切知覺，並且在解體以後，再也不能思維、感覺、觀看並有所愛恨的時候，我就算是完全被消滅了，而且我也想不到還需要甚麼東西才能使我成為完全不存在的了。如果有任何人在認真而無偏見的反省之後，認為他有一個與此不同的他自己的概念，那麼我只能承認，我不能再和他進行推理了。我所能向他讓步的只是：他或許和我一樣正確，我們在這一方面是有本質上的差異的。他或許可以知覺到某種單純而繼續的東西，他稱之為他自己，雖然我確信，我自身並沒有那樣一個原則。

自我不過是飛速接續、
永在流動的知覺的集合

　　不過撇開這些形而上學家們不談，我可以大膽地就其餘的人們說，他們都只是那些以不能想像的速度互相接續着、並處於永遠流動和運動之中的知覺的集合體，或一束知覺。我們的眼睛在眼窩內每轉動一次，就不能不使我們的知覺有所變化。我們的思想比我們的視覺更是變化無常；我們的其他感官和官能都促進這種變化，靈魂也沒有任何一種能力始終維持同一不變，那怕只是一刹那。心靈是一種舞台；各種知覺在這個舞台上接續不斷地相繼出現；這些知覺來回穿過，悠然逝去，混雜於無數種的狀態和情況之中。恰當地說，在同一時間內，心靈是沒有單純性的，而在不同時間內，它也沒有同一性，不論我有喜愛想像那種單純性和同一性的多大的自然傾向。我們決不可因為拿舞台來比擬心靈，以致發生錯誤的想法。這裏只有接續出現的知覺構成心靈；對於表演這些場景的那個地方，或對於構成這個地方的種種材料，我們連一點概念也沒有。

　　那麼，甚麼東西給予我們那樣大的一種傾向，使我們賦予這些接續的知覺一種同一性，並且假設我們自己在整個一生的過程中具有一種不變的、不間斷的存在呢？……

……

人格同一性的觀念是依靠類似關係和因果關係形成的

……加入人類心靈組織中的每一個各別的知覺都是一個各別的存在，並且與其他各個知覺 (不論是同時的或接續的) 都是互相差異、可以互相區別、互相分離的。不過雖有這種區別性和分離性，而我們仍然假設整個一系列的知覺是被同一性結合着的；所以關於這種同一性關係自然就發生了一個問題，就是：同一性是把各種知覺真正締結起來的一種東西呢，還是只把這些知覺的觀念在想像中聯結起來的一種東西呢？換句話說就是，在聲言一個人格的同一性時，我們是觀察到他的各個知覺之間的一種真正的締合呢，還是只感覺到我們對這些知覺所形成的觀念之間有一種結合呢？前面我們已經詳細地證明，人的知性在對象之間永遠觀察不到任何實在的聯繫，而且甚至因果結合在嚴格探究之下也歸結為觀念間的一種習慣性的聯繫，我們如果回憶一下這個證明，那麼上述的問題便將迎刃而解。因為由此所得的結論顯然是這樣的：同一性並非真正屬於這些差異的知覺而加以結合的一種東西，而只是我們所歸於知覺的一種性質，我們之所以如此，那是因為當我們反省這些知覺時，它們的觀念就在想像中結合起來的緣故。但是能在想像中把觀念結合起來的僅有的性質，就是前述的那三種關係。這些關係就是觀念世界中的結合原則，離開了這些原則，每一個明確的對象都可以被心靈所分離，並可以分別地被思考，而和其他任何對象似乎並無甚麼聯繫，就像它們因為差異極大、距離極遠而彼此互不相關時一樣。因此，同一性是依靠於類似關係、接近關係和因果關係三種關係中的某幾種關係的。這些關係的本質既然在於產生觀念間的一種順利推移；所以，我們的人格同一性概念完全是由於思想依照了上述原則，沿着一連串關聯着的觀念順利而不間斷地進行下去而發生的。

因此，現在所留下的惟一問題就是：當我們考慮一個心靈（或能思想的人格）的接續存在時，我們的思想的這種不間斷的進程是由甚麼關係產生出來的？這裏我們顯然必須專取類似關係和因果關係，而把接近關係去掉，因為這種關係在現在情形下的影響是很小的或是完全沒有的。

先從類似關係談起：假使我們能夠清楚地透視他人的心胸，而觀察構成其心靈（或思想原則）的接

續的那一串知覺，並且假設他對於大部分過去的知
覺永遠保持着記憶；那麼顯然，再沒有比這個情形
更能有助於以一種"關係"給予層層遞變中的這個接
續現象了。因為記憶不就是我們藉以喚起過去知覺
的意象來的一種官能麼？一個意象既是必然和它的
對象類似，那麼記憶既然把這些互相類似的知覺常
常置於思想系列中，豈不就必然會使想像較為順利
地由一個環節轉移到另一個環節，而使全部系列顯
得像一個對象的繼續麼？因此，在這一點上，記憶
不但顯現出了同一性，並且由於產生了知覺間的類
似關係，而有助於同一性的產生。不論我們考慮自
己或別人，情形都是一樣。

　　至於因果關係，我們可以説，要想對人類心靈
有一個正確的觀念，就該把它視為各種不同的知覺
或不同的存在的一個體系，這些知覺是被因果關係
聯繫起來，互相產生，互相消滅，互相影響，互相
限制的。我們的印象產生它們的相應的觀念，而這
些觀念又產生其他印象。一個思想趕走另一個思
想，跟着引進第三個思想，而又被第三個思想所逐
走了。在這一方面，我如果將靈魂比作一個共和
國，那是最為恰當的；在這個共和國中，各個成員
被統治與服從的相互關係結合起來，隨後又生出其
他的人們，後人繼承着前人，不斷更替地來傳續同

一個的共和國。同一個共和國不但改變其成員，並改變其法律和制度；同樣，同一個人也可以改變其性格和性情，以及其印象和觀念，而並不致失去其同一性。不論他經歷甚麼樣的變化，他的各個部分仍然被因果關係所聯繫着。在這個觀點下，情感方面的人格同一性可以證實想像方面的人格同一性，因為前一種同一性使我們的那些遠隔的知覺互相影響，並且使我們在現時對於過去的或將來的苦樂發生一種關切之感。

記憶是人格同一性的來源

既然只有記憶使我們熟悉這一系列知覺的接續性和這個接續性的範圍，所以主要是由於這個緣故，記憶才被認為是人格同一性的來源。我們如果沒有記憶，那末我們就永遠不會有任何因果關係概念，因而也不會有構成自我或人格的那一系列原因和結果的概念。但是當我們一旦從記憶中獲得了這個因果關係的概念以後，我們便能夠把這一系列原因，因而也能把人格的同一性，擴展到我們的記憶以外，並且能夠包括我們所完全忘卻而只是一般假設為存在過的一切時間、條件和行動。因為我們所記憶的過去行動是多麼少呢？例如，誰能告訴我說，在1715年1月1日、1719年3月11日、1733年8月3

日，他有過甚麼思想或行動呢？他是否會由於完全忘記了這些日子裏的事件、而説，現在的自我和那時的自我不是同一個人格，並藉此推翻了關於人格同一性的最確立的概念呢？因此，在這種觀點下來説，記憶由於指出我們各個不同的知覺間的因果關係，所以與其説它產生了人格同一性，不如説它顯現了人格的同一性。那些主張記憶完全產生了人格同一性的人們，就必須説明我們為甚麼能夠這樣把自我同一性擴展到我們的記憶之外。

這個學説的全部使我們達到一個對現在問題極關重要的結論，即關於人格同一性的一切細微和深奧的問題，永遠不可能得到解決，而只可以看作是語法上的難題，不是哲學上的難題。同一性依靠於觀念間的關係；這些關係藉其所引起的順利推移產生了同一性。但是這些關係和順利推移既然可以不知不覺地逐漸減弱，所以我們就沒有正確的標準，藉此可以解決關於這些關係是在何時獲得或失去同一性這個名稱的任何爭論。關於聯繫着的對象的同一性的一切爭論都只是一些空話，實際上僅僅是部分之間的關係產生了某種虛構或想像的結合原則而已，正像我們前面所説的那樣。

關於我們的同一性概念 (在應用於人類心靈上時) 的最初來源和不確定性，我們所説過的話無需多

少更動，就可以推廣來用於單純性的概念。一個對
象，如果其各個不同的共存的部分是被一種密切關
係所締結起來的，那末它在想像上的作用正如一個
完全單純而不可分的對象的作用完全一樣，無需更
大的思想努力便可以進入想像。由於這種作用的單
純性，我們就認為那個對象有一種單純性，並虛構
一個結合原則，作為這種單純性的支持，作為那個
對象的一切不同部分和性質的中心。

……

第二卷　論情感

第 *1* 章

論驕傲與謙卑

第七節　論惡與德

……

惡 (vice) 與德 (virtue) 是這些情感 (指驕傲與謙卑
的情感——編者) 的最明顯的原因,現在就先從這兩
者談起。近些年來,有一種爭論刺激起了公眾的好
奇心,就是:這些道德的區別是建立在自然的、原
始的原則上呢,還是發生於利害關係和教育呢?加
入這種爭論,是和我現在的目的完全不相干
的。……在這裏,我將力求表明,我的體系不論依
據哪一個假設,都是立於不敗之地。這就是這個體
系的堅實性的有力證明。

惡和德總使人產生一
種實在的痛苦和快樂

因為假設道德沒有自然的基礎,我們仍然必須
承認,惡和德,不論是由於自利或是由於教育的偏

見，總是使我們產生一種實在的痛苦和快樂。我們可以看到，擁護這個假設的人是竭力主張這種說法的。他們說，每一種對我們有有利傾向或有害傾向的情感、習慣或性格的傾向都產生一種快樂或不快；讚許或譴責就是由此而發生。由於他人的慷慨，我們就容易有所獲得，但是他們如果貪婪，我們就永遠有損失的危險；勇敢防衛我們，但是怯懦卻使我們隨時易於遭受攻擊；正義是社會的維繫力量，而非正義若不加以過制，便迅速招致社會的沉淪；〔別人的〕謙卑使我們感到高興，而〔別人的〕驕傲則使我們感到恥辱。因為這些理由，所以前一類性質就被認為是德，而後一類性質則被認為是惡。這裏既然承認，每一種優點或缺點都伴有一種愉快或不快，那就是我的目的所要求的一切了。

德的本質在於產生快樂，惡的本質在於給人痛苦

不過我還要進一步說，這個道德假設和我現在的體系不但互相符合，而且如果承認前者是正確的，那麼它就成了後者的一個絕對的和不可抗拒的證明。因為一切道德如果都是建立在痛苦或快樂之上，而痛苦或快樂的發生，又都是由於我們預料到我們自己的或別人的性格所可能帶來的任何損失或

利益，那麼道德的全部效果必然都是由這種痛苦或快樂得來的，其中驕傲和謙卑的情感也是由此而來的。依據這個假設來說，德的本質就在於產生快樂，而惡的本質就在於給人痛苦。德與惡又必須是我們的性格的一部分，才可以刺激起驕傲或謙卑。關於印象和觀念的雙重關係，我們還希望有甚麼進一步的證明呢？

痛苦和快樂既是惡和德的原因，
也是惡和德的一切結果的原因

從那些主張道德是一種實在的、本質的、基於自然的東西的人們的意見，也可以得出同樣沒有疑問的論證來。在說明惡和德的區別和道德的權利與義務的起源方面所提出來的最可能的假設就是：根據自然的原始結構，某些性格和情感在一經觀察和思維之下，就產生了痛苦，而另外一些的性格和情感則在同樣方式下刺激起快樂來。不快和愉快不但和惡和德是分不開的，而且就構成了兩者的本性和本質。所謂讚許一種性格，就是面對着這種性格感到一種原始的快樂。所謂譴責一種性格，也就是感到一種不快。因此，痛苦和快樂既是惡和德的原始原因，也就必然是它們一切結果的原因，因而也是驕傲和謙卑的原因，這兩者乃是那種區別的不可避免的伴隨物。

但是假設這個道德哲學的假設被承認是虛妄的，可是仍然顯而易見，痛苦和快樂即使不是惡和德的原因，至少也是與兩者分不開的。一個慷慨和高尚的性格，在觀察之下就給人愉快；這種性格即使只在一首詩或一個故事中呈現給我們，總也不會不使我們感到喜悅和愉快。在另一方面，殘忍和奸詐也因其本性而使人不悅；而且我們也永遠不能容忍我們或他人有這些性質。由此可見，一個道德假設是前面體系的不可否認的證明，而另一個假設至少也是與之符合的。

……

第 *3* 章

論意志與直接情感

第三節　論影響意志的各種動機

古今哲學大都重視理性而
貶抑情感，這是一種謬見

在哲學中，甚至在日常生活中，最常見的事情就是談論理性和情感的鬥爭，就是重視理性，並且說，人類只有在遵循理性的命令的範圍內，才是善良的。人們說，每一個理性動物都必須根據理性來調整他的行為；如果有任何其他動機或原則要求指導他的行為，他應該加以反對，一直要把它完全制服，或者至少要使它符合於那個較高的原則。古今精神哲學的大部分似乎都建立在這個思想方法上；而且不論在形而上學的辯論中，或是在通俗的演講中，都沒有比這個所謂理性高於情感的優越性成為更加廣闊的爭論園地。理性的永恆性、不變性和它的神聖的來源，已經被人渲染得淋漓盡致：情感的

盲目性、變幻性和欺騙性，也同樣地受到了極度的
強調。為了指出一切這種哲學的謬誤起見，我將力
求證明，第一，理性單獨決不能成為任何意志活動
的動機，第二，理性在指導意志方面並不能反對情
感。

……

理性不是決定我們意
志活動的最初動機

顯而易見，當我們預料到任何一個對象所可給
予的痛苦或快樂時，我們就隨着感到一種厭惡或愛
好的情緒，並且被推動了要去避免引起不快的東
西，而接受引起愉快的東西。同樣顯然的是：這個
情緒並不停止在這裏，而要使我們的觀點轉到各個
方面，把一切通過因果關係與原始對象有關的一切
對象都包括無餘。這裏就有推理發生，以便發現這
種關係；隨着我們的推理發生變化，我們的行為也
因此發生變化。但是顯然，在這種情形下，衝動不
是起於理性，而只是受着理性的指導。我們由於預
料到痛苦或快樂，才對任何對象發生厭惡或愛好；
這些情緒就擴展到由理性和經驗所指出的那個對象
的原因和結果。如果我們對原因和結果都是漠不關
心，我們就絲毫不會關心去認識某些對象是原因，

某些對象是結果。對象本身如果不影響我們，它們的聯繫也不能使它們有任何影響；而理性既然只在於發現這種聯繫，所以對象顯然就不能藉理性來影響我們。

理性不能與情感對立，而是服從情感

單是理性既然不足以產生任何行為，或是引起意志作用，所以我就推斷說，這個官能〔理性〕同樣也不能制止意志作用，或與任何情感或情緒爭奪優先權。這個結論是必然的。理性若非朝著相反的方向給予我們的情感一種衝動，它就不可能產生後面這種制止意志作用的效果；可是如果那種衝動單獨活動，本來就能夠產生意志作用的。除了相反的衝動以外，沒有東西能反對或阻擋情感的衝動；這種相反的衝動如果真是發生於理性，那麼理性對於意志必然有一種原始的影響，並且必然能夠引起和阻止任何意志的作用。但是理性如果沒有那種原始的影響，它便不能抵拒具有那樣一種效能的任何原則，或使心靈略有片刻的猶疑。由此可見，反對我們情感的那個原則不能就是理性，而只是在不恰當的意義下被稱為理性。當我們談到情感和理性的鬥爭時，我們的說法是不嚴格的、非哲學的。理性是，並且也應該是情感的奴隸，除了服務和服從情感之外，再不能有任何其他的職務。由於這個意見看來也許有些離奇，我們如果通過其他一些考慮來加以證實，也許不是不適當的。

情感是一種原始的存在，不能被理性所反對

情感是一種原始的存在，或者也可以說是存在的一個變異，並不包含有任何表象的性質，使它成為其他任何存在物或變異的一個複本。當我飢餓時，我現實地具有那樣一種情感，而且在那種情緒中並不比當我在口渴、疾病或是五英尺多高時和其他任何對象有更多的聯繫。因此，這個情感不能被真理和理性所反對，或者與之相矛盾，因為這種矛盾的含義就是：作為複本的觀念和它們所表象的那些對象不相符合。

……

第三卷　道德學

第 2 章

關於正義和非正義

第二節　論正義與財產權的起源

......

人類的自然稟賦弱於其他動物

在棲息於地球上的一切動物之中，初看起來，最被自然所虐待的似乎是無過於人類，自然賦予人類以無數的慾望和需要，而對於緩和這些需要，卻給了他薄弱的手段。對於其他動物，這兩個方面一般是互相補償的。我們如果單純地考慮獅子是貪食的食肉獸，我們將容易發現它的生活是很困難的；可是我們如果着眼於獅子的身體結構、性情、敏捷、勇武、雄壯的肢體、猛力等等，那末我們就發現，獅子的這些有利條件和它的慾望恰好是成正比例的。羊和牛缺乏這些有利條件，不過牛羊的食慾不是太大，而它們的食物也容易取得。只有在人一方面，軟弱和需要的這種不自然的結合顯得達到了最高的程度。不但人類所需要的維持生活的食物不易為人類所尋覓和接近，或者至少是要他花了勞動才能生產出來，而且人類還必須備有衣服和房屋，以免為風雨所侵襲；雖然單就他本身而論，他既沒有雄壯的肢體，也沒有猛力，也沒有其他自然的才能，可以在任何程度上適應那麼多的需要。

人類只能依賴社會而生存

　　人只有依賴社會，才能彌補他的缺陷，才可以和其他動物勢均力敵，甚至對其他動物取得優勢。社會使個人的這些弱點都得到了補償；在社會狀態中，他的慾望雖然時刻在增多，可是他的才能卻也更加增長，使他在各個方面都比他在野蠻和孤立狀態中所能達到的境地更加滿意、更加幸福。當各個人單獨地、並且只為了自己而勞動時，(1) 他的力量過於單薄，不能完成任何重大的工作；(2) 他的勞動因為用於滿足他的各種不同的需要，所以在任何特殊技藝方面都不可能達到出色的成就；(3) 由於他的力量和成功並不是在一切時候都相等的，所以不論哪一方面遭到挫折，都不可避免地要招來毀滅和苦難。社會給這三種不利情形提供了補救。藉着協作，我們的能力提高了；藉着分工，我們的才能增長了；藉着互助，我們就較少遭到意外和偶然事件的襲擊。社會就藉這種附加的力量、能力和安全，才對人類成為有利的。

……

財產佔有的不穩定是
人類幸福的主要障礙

……人類所有的福利共有三種：一是我們內心的滿意；二是我們身體的外表的優點；三是對我們憑勤勞和幸運而獲得的所有物的享用。對於第一種福利的享受，我們是絕對安全無慮的。第二種可以從我們身上奪去，但是對於剝奪了我們這些優點的人們卻沒有任何利益。只有最後的一種，既可以被其他人的暴力所劫取，又可以經過轉移而不至於遭受任何損失或變化；同時這種財富又沒有足夠的數量可以供給每個人的慾望和需要。因此，正如這些財物的增益是社會的主要有利條件一樣，它們的佔有的不穩定和它們的稀少卻是主要的障礙所在。

……

人類通過協議以保障各人的
財物佔有，維持社會安定

……當人們在早期的社會教育中感覺到社會所帶來的無限利益，並且在交遊和交談方面獲得了一

種新的愛好;當他們注意到,社會上主要的亂源起
於我們所謂的外物,起於那些外物可以在人與人之
間隨意轉移而不穩定的:這時他們就一定要去找尋
一種補救方法,設法盡可能地把那些外物置於和身
心所有的那些固定的、恆常的優點相等的地位。要
達到這個目的,沒有別的辦法;只有通過社會全體
成員所締結的協議使那些外物的佔有得到穩定,使
每個人安享他憑幸運和勤勞所獲得的財物。通過這
種方法,每個人就知道甚麼是自己可以完全地佔有
的;而且情感在其偏私的、矛盾的活動方面也就受
到了約束。這種約束也並不違反這些情感;因為如
果是這樣,人們就不會投入這種約束,並加以維
持;這種約束只是違反了這些情感的輕率和鹵莽的
活動。我們戒取他人的所有物,不但不違背自己的
利益或最親近的朋友的利益,而且還只有藉這樣一
個協議才能最好地照顧到這兩方面的利益;因為我
們只有通過這種方法才能維持社會,而社會對於他
們的福利和存在與對於我們自己的福利和存在一
樣,都是那樣必要的。

人類協議不是許諾,
而是共同利益的感覺

這種協議就其性質而論,並不是一種許諾

（promise），因為甚至許諾本身也是起源於人類協議，這點我們後來將會看到。協議只是一般的共同利益感覺；這種感覺是社會全體成員互相表示出來的，並且誘導他們以某些規則來調整他們的行為。我觀察到，讓別人佔有他的財物，對我是有利的，假如他也同樣地對待我。他感覺到，調整他的行為對他也同樣有利。當這種共同的利益感覺互相表示出來、並為雙方所了解時，它就產生了一種適當的決心和行為。這可以恰當地稱為我們之間的協議或合同，雖然中間並沒有插入一個許諾；因為我們雙方各自的行為都參照對方的行為，而且在做那些行為時，也假定對方要做某種行為。兩個人在船上划槳時，是依據一種合同或協議而行事的，雖然他們彼此從未互相作出任何許諾。關於財物佔有的穩定的規則雖然是逐漸發生的，並且是通過緩慢的進程，通過一再經驗到破壞這個規則而產生的不便，才獲得效力，可是這個規則並不因此就不是由人類協議得來的。正相反，這種經驗還更使我們確信，利益的感覺已成為我們全體社會成員所共有的，並且使我們對他們行為的未來的規則性產生一種信心；我們的節制與戒禁只是建立在這種期待上的。同樣，各種語言也是不經任何許諾而由人類協議所逐漸建立起來的。同樣，金銀也是以這個方式成為

交換的共同標準，而被認為足以償付比金銀價值大
出百倍的東西。

正義和非正義、財產權、權利和
義務等觀念都來源於人類協議

在人們締結了戒取他人所有物的協議、並且每
個人都獲得了所有物的穩定以後，這時立刻就發生
了正義和非正義的觀念，也發生了財產權、權利和
義務的觀念。不先理解前者，就無法理解後者。我
們的財產只是被社會法律，也就是被正義的法則，
所確認為可以恆常佔有的那些財物。因此，有些人
不先說明正義的起源，就來使用財產權、權利或義
務等名詞，或者甚至在那種說明中就應用這些名
詞，他們都犯了極大的謬誤，而永不能在任何堅實
的基礎上進行推理。一個人的財產是與他有關係的
某種物品。這種關係不是自然的，而是道德的，是
建立在正義上面的。因此，我們如果不先充分地了
解正義的本性，不先指出正義的起源在於人為的措
施和設計，而就想像我們能有任何財產觀念，那就
很荒謬了。正義的起源說明了財產的起源。同一人
為措施產生了這兩者。我們最初的、最自然的道德
感既然建立在我們情感的本性上，並且使我們先照
顧到自己和親友，然後顧到生人，因此，不可能自

然而然地有像固定的權利或財產權那樣一回事，因為人類的種種對立的情感驅使他們趨向種種相反的方向，並且不受任何協議或合同的約束。

穩定財產佔有的協議是確立人類社會最必要的條件

沒有人能夠懷疑，劃定財產、穩定財物佔有的協議，是確立人類社會的一切條件中最必要的條件，而且在確定和遵守這個規則的合同成立之後，對於建立一種完善的和諧與協作來說，便沒有多少事情要做的了。除了這種利益情感之外，其他一切情感無論是容易約束的，或者是雖然是放縱的，也並不發生那樣有害的結果。……因此，整個說來，我們應當認為在建立社會方面所遇到的困難是大是小，就決定於我們在調節和約束這種情感方面所遇到的困難之是大是小。

利己的感情只能由利己的感情本身來控制

……沒有一種情感能夠控制利己的感情，只有那種感情自身，藉着改變它的方向，才能加以控制。不過這種變化是稍加反省就必然要發生的；因為顯而易見，那種情感通過約束、比起通過放縱可以更好地得到滿足；我們維持了社會，比在孤立無援的狀態下（這種狀態是必然隨着暴力和普遍的放縱而來的），在獲得所有物方面就有了大得很多的進步。因此，關於人性善惡的問題，絕不包含在關於社會起源的那另一個問題之內；這裏所考慮的只有人類智愚程度的問題。因為自利情感不論被認為是善良的或惡劣的，情形都是一樣的；因為只有它本身才約束住自己；因此，它如果是善良的，那麼人類是藉這種德而成為有社會性的；如果是惡劣的，那麼他們的這種惡也有同樣的效果。

人類不可能長期停留在野蠻狀態，而必然通過穩定財產的協議約束利己的感情，結成社會

這個情感既然是通過建立財物佔有的穩定這種規則而約束自己的，所以這個規則如果是深奧而難以發明的，那麼社會就必須被看作可說是偶然的，是許多世代的產物。但是如果我們發現，沒有東西比這個規則更為簡易而明顯；如果我們發現每一個父母，為了在子女間維持和平，必須確立這個規則；如果我們發現，正義的這些最初萌芽隨着社會的擴大，必然日益改善；如果這一切都顯得是明白的（這是一定如此的），那麼我們就可以斷言，人類

絕不可能長期停留在社會以前的那種野蠻狀態，而人類的最初狀態就該被認為是有社會性的。不過這也不妨礙哲學家們隨意把他們的推理擴展到那個假設的自然狀態上，如果他們承認那只是一個哲學的虛構，從來不曾有、也不能有任何現實性。……

"自然狀態"是純粹的虛構

因此，自然狀態就應當被認為是單純的虛構，類似於詩人們所臆造的黃金時代；惟一的差別是，自然狀態被描寫為充滿着戰爭、暴力和非正義，而黃金時代則被描繪為最魅人的、最和平的狀態。在自然的那個最初時代，四季溫和(如果我們相信詩人們的話)，人類無須備有衣服和房屋來抵禦酷暑和嚴寒。河川裏流着酒、乳；橡樹產着蜜；自然界自發地產生着最寶貴的珍饈。那個幸福時代的主要優點還不止這些。不但自然界沒有風暴，而且現在引起人類的爭吵和混亂的那些更為猛烈的風暴，也從來不曾在人類胸中發生。貪婪、野心、殘忍、自私從來不曾聽到過；人類心靈中所熟悉的僅有的活動只有慈愛、憐憫和同情。甚至我的和你的這個區別，也被排除於那些幸福的人們的心靈之外，而財產權和義務、正義和非正義等概念也就隨之而不存在。

毫無疑問，這應當被認為是一種無聊的虛構；

可是也值得我們注意，因為沒有東西更明顯地表明成為我們現在探討題材的那些德的起源了。我已經說過，正義起源於人類協議；這些協議是用以補救由人類心靈的某些性質和外界對象的情況結合起來所產生的某種不便的。……

……

第七節　論政府的起源

人類在很大程度上是被利益所支配的，並且甚至當他們把關注擴展到自身以外時，也不會擴展得很遠；在平常生活中，他們所關注的往往也不超出最接近的親友和相識：這一點是最為確實的。但是同樣確實的是：人類若非藉着普遍而不變地遵守正義規則，便不能那樣有效地達到這種利益，因為他們只有藉這些規則才能保存社會，才能不至於墮入人們通常所謂的自然狀態的那種可憐的野蠻狀態中。由一切人維護社會、遵守正義規則所得到的這種利益既然是巨大的，所以它甚至對最粗野和未受教化的種族也是明白而顯然的；任何經驗過社會生活的人在這一點上幾乎都不可能發生錯誤的。因此，人類既然那樣真誠地依戀自己的利益，他們的利益又是那樣有賴於正義的遵守，而且這個利益又是那樣確實而為大家所公認的：那麼人們就會問，社會中為甚麼竟然還能發生紛亂，而且人性中有甚麼原則是那樣地有力，以至克服了那樣強的一種情感，並且是那樣地猛烈，以至蒙蔽了那樣清楚的一種認識呢？

情感使人有一種貪圖近利而捨棄遠利、不顧社會正義的傾向

在論述情感時，我已經說過，人類是大大地受想像所支配的，而且他們的感情多半是與他們對任何對象的觀點成比例的，而不是與這個對象的真實的、內在的價值成比例的。凡以一種強烈和生動的觀念刺激人們的對象，通常總是超越於出現在較為模糊的觀點下的對象；必須有大得很多的價值，才足以抵消這種優勢。凡在空間或時間上與我們接近的東西既然以那樣一個觀念刺激我們，所以它在意志和情感上也有一種與此成比例的效果，而比處於較遠、較模糊的觀點下的任何對象通常都有一種力量較強的作用。我們雖然可以充分地相信，後一個對象較前一個對象更為優越，可是我們卻不能以這種判斷來調整我們的行為。我們總是順從我們的情感的指示，而情感卻總是為接近的東西辯護的。

這就是人們的行為所以那樣常常和他們所明知

的利益相抵觸的緣故，尤其是他們所以寧取任何現實的些小利益、而不顧到維持社會秩序的緣故；雖然社會的秩序是那麼依賴正義的遵守的。每一次破壞公道的後果似乎是遙遠的，不足以抵消由破壞公道所可能獲得的任何直接利益。不過這些結果並不因遙遠而減少其實在性；而一切人類既然都在某種程度上受同一弱點的支配，所以必然發生這樣一種現象；就是，公道的破壞在社會上必然會成為非常頻繁，而人類的交往也因此而成為很危險而不可靠的了。你和我一樣都有捨遠而圖近的傾向。因此，你也和我一樣自然地容易犯非正義的行為。你的榜樣一方面推動我照樣行事，一方面又給了我一個破壞公道的新的理由，因為你的榜樣向我表明，如果我獨自一個人把嚴厲的約束加於自己，而其他人們卻在那裏縱所欲為，那麼我就會由於正直而成為呆子了。

因此，人性的這種性質，不但可以危害社會，而且粗看起來還似乎是不可補救的。補救的方法只能來自人類的同意；如果人們不能自行捨近圖遠，那麼他們便永不會同意於強使他們作出那種選擇的任何事情，不會同意於那樣顯然與他們的自然原則和傾向相衝突的任何事情。誰要選擇了手段，也就選擇了目的；我們如果不可能捨近求遠，那麼我們

也就同樣不可能順從強使我們採取那種行為方法的
任何必然性。

……

> **補救人們捨遠求近傾向的方**
> **法是由少數能關切社會長遠**
> **利益的人出來擔當執行正義**
> **的任務，這就是政府的起源**

因此，惟一的困難就在於找尋出這個方法來，
好使人們藉以克制他們的自然的弱點，使自己處於
不得不遵守正義和公道法則的必然形勢之下，雖然
他們原來有捨遠求近的一種強烈傾向。顯而易見，
這個補救方法如果改正不了這個傾向，它便永遠是
無效的；而我們既然不能改變或改正我們天性中任
何重要的性質，所以我們所能做到的最大限度只是
改變我們的外在條件和狀況，使遵守正義法則成為
我們的最切近的利益，而破壞正義法則成為我們的
最遙遠的利益。但是，這事對全人類來說既是行不
通的，所以只有在少數人方面才可能辦得到，因而
我們就使這些人和執行正義發生了直接的利害關
係。這些人就是我們所謂民政長官、國王和他的大
臣、我們的長官和憲宰；這些人對於國內最大部分
的人既然是沒有私親關係的，所以對於任何非正義

的行為，都沒有任何利益可圖，或者只有遙遠的利益；他們既然滿足於他們的現狀和他們的社會任務，所以對於每一次執行正義都有一種直接利益，而執行正義對於維持社會是那樣必需的。這就是政府和社會的起源。人們無法根本地救治自己或他人那種捨遠圖近的偏狹心理。他們不能改變自己的天性，他們所能做到的就是改變他們的境況，使遵守正義成為某些特定的人的直接利益，而違反正義成為他們的遙遠利益。因此，這些人不但在自己的行為方面樂於遵守那些規則，並且還要強制他人同樣地遵守法度，並在全社會中執行公道的命令。如果必需的話，他們還可以使其他一些人對於執行正義發生較為直接的利害關係，而創設若干文武官員，來協助他們的統治。

政府不僅能執行正義，而且能作出公道的判斷，並帶給社會其他有益的結果

不過這樣的執行正義雖然是政府的主要優點，卻不是它惟一的優點。強烈的情感既然會妨礙人們清楚地看到對他人採取公道行為的利益；所以，這種情感也會阻止他們清楚地看到那種公道自身，而使他們對自己的愛好有顯著的偏私。這種弊害也是以上述的方式而得到改正。執行正義法則的那些人們也解決關於這些法則的一切爭論；他們對於社會上大部分人既然是沒有私親關係的，所以他們的判決就比各人自己的判決較為公道。

由於正義的執行和判斷這兩個優點，人們對彼此之間的和自己的弱點和情感都得到了一種防止的保障，並且在長官的蔭庇之下開始安穩地嚐到了社會和互助的滋味。不過政府還進一步擴展它的有益影響；政府還不滿足於保護人們實行他們所締結的互利的協議，而且還往往促使他們訂立那些協議，並強使他們同心合意地促進某種公共目的，藉以求得他們自己的利益。人性中使我們的行為產生最致命的錯誤的性質，就是使我們捨遠圖近、並根據對象的位置而不根據它的真正價值來求取對象的那種性質。……政治社會就容易補救這些弊病。執政長官把他們的任何重大部分臣民的利益看作自己的直接利益。他們無須諮詢他人，只須自己考慮，就可以擬定促進那種利益的任何計劃。由於在執行計劃時，任何一部分的失敗牽連到(雖然不是直接地)全體的失敗，所以他們就防止那種失敗，因為他們在這種失敗中看不到有任何切近的或遙遠的利益。這樣，橋樑就建築了，海港就開闢了，城牆就修築了，運河就挖掘了，艦隊就裝備了，軍隊就訓練

了；所有這些都是由於政府的關懷，這個政府雖然
也是由人類所有的缺點所支配的一些人所組成的，
可是它卻藉着最精密的、最巧妙的一種發明，成為
在某種程度上免去了所有這些缺點的一個組織。

第八節　論忠順的起源

政府並非在一切條件下都是必需的，原始社會就沒有政府

　　政府對人類雖然是很有利的，甚至在某些條件
下還是絕對必需的一種發明；但它並不是在一切條
件下都是必需的，而且人類即使不求助於那樣一種
發明，也不是不可能在某一段時期以內維持社會
的。自然，人類總是極其愛取現前利益、而捨去遙
遠的利益的；而且他們也不容易因為擔心一種遙遠
的災禍，而抵拒他們所可以立即享受的任何利益的
誘惑。不過當所有物和人生樂事是稀少的、並且沒
有多大價值的情形下（在社會初期就是這種情形），
這種弱點是不很顯著的。一個印第安人很少受到誘
惑，要想搶奪另一個印第安人的茅屋或偷竊他的
弓，因為他已經備有同樣的便利；至於一個人在漁
獵時所可能遇到的優於他人的運氣，那只是偶然而

暫時的，很少有擾亂社會的傾向。我不但不像某些
哲學家們那樣，認為人類離了政府就完全不能組織
社會，而且我還主張，政府的最初萌芽不是由同一
個社會中的人們的爭端而發生，而是由幾個不同的
社會中的人們的爭端而發生的。較少量的財物就足
以引起後一種爭端，雖然還不足以引起前一種的爭
端。人們在公共的戰爭和毆鬥中所恐懼的，只有他
們所遇到的抵抗，這種抵抗因為是他們所共同遭遇
的，所以它的可怕程度似乎較小；並且又因為來自
外人，所以它的結果似乎不是那樣有害；相反，如
果各人間的交往是互有利益的，而且斷絕交往就會
使他們不可能存在的，那麼他們若是互相敵對起
來，其結果便是非常有害的了。但是對於一個沒有
政府的社會，一次對外的戰爭必然會產生內戰。把
一大批財物投入人羣，他們就會立刻爭吵起來，這
時各人都力求佔有他所喜歡的東西，而不顧有甚麼
後果了。在對外戰爭中，最重要的所有物——生命
和肢體——都處於危險之中；而且由於每個人都逃
避危險的地點，搶奪最好的武器，稍為受傷就找到
了藉口，所以人們在平靜時候所遵守得很好的那些
法律，到了他們處於那樣紛擾的情形下時，就不復
存在了。

沒有政府的社會狀態是人類 最自然的狀態，只有財富的 增加才使人們脫離這個狀態

我們發現，美洲各個部族證實了這一點；在那裏，人們和睦友好地生活在一處，並沒有任何確立的政府；他們也從來不服從本部族中的任何人；只有在戰時，他們的首領享有一點點的權威，但從戰場上歸來，並與鄰族建立了和平關係以後，他就失掉了這點權威。但是這種權威把政府的優點教給了他們，教他們求助於它，當因為戰爭的劫掠，或因為通商，或因為偶然的發現，他們的財富和所有物變得那樣龐大起來，致使他們在每個緊急關頭忘掉了維持和平與正義的利益。因此，我們就可以在其他理由之外，再舉出一個很好的理由來說明，為甚麼一切政府最初都是君主的，沒有任何摻雜和變化；為甚麼共和國只是由於君主制和專制權被人濫用才產生出來的。軍營是城市的真正母親。戰爭中的每個危機都是突然發生的，所以如果不把權威集中於一人，就不能指揮作戰；因此，繼軍事政府而來的民事政府自然也就具有同樣的權威。我認為說明政府起源，這個理由要比人們通常由家長統治或父權所推得的理由更為自然一些——人們通常認

為，這種權威首先發生於一個家庭之中，使家庭成員習慣於一個人的統治的。沒有政府的社會狀態是人類的最自然的狀態，並且在許多家族聚居、遠在第一代以後的一個長時期中，必然是繼續存在的。只有財富和所有物的增加，才會迫使人們脫離這個狀態；而因為一切社會在初成立時既然都是那樣野蠻而不開化的，所以一定要過了許多年以後，這些財富才會增加到那樣大的程度，以至擾亂人們對和平與和睦的享受。

認為許諾是政府成立的根據和服從政府的根源，是現代時髦政治學體系的基礎

不過人類雖然可以維持一個沒有政府的小規模的不開化的社會，可是他們如果沒有正義，如果不遵守關於穩定財物佔有、根據同意轉讓所有物和履行許諾的那三條基本法則，他們便不可能維持任何一種社會。因此，這三條法則是在政府成立以前就已存在，並被假設為在人們還根本沒有想到對民政長官應該有忠順的義務之前，就給人們加上了一種義務。不但如此，我還要進一步說，政府在其初成立時，自然被人假設為是由那些法則，特別是由那個關於實踐許諾的法則，得到它的約束力的。當人們一旦看出維持和平和執行正義必須要有政府的時候，他們自然就會集合起來，選舉執政長官，規定他們的權限，並且許諾服從他們。人們既然假設，許諾是已經通用的一種盟約或保證，並且附有一種道德的義務，所以就把許諾認為是政府成立的原始根據和最初的服從義務的根源。這個推理看來似乎是那樣地自然，以致它已成為現代時髦的政治學體系的基礎。並且可以說是我們一個政黨的信條，這個黨很有理由地以其哲學的健全和思想的自由感到驕傲。這些人說，一切人生來都是自由和平等的；政府和權勢只能藉同意建立起來；人類既然同意建立政府，因而就給他們加上自然法所沒有規定的一種新的義務。因此，人們之所以必須服從其執政長官，只是因為他們許諾了這種服從；如果他們不曾明白地或默認地表示願意保持忠順，那麼忠順永遠不會成為他們道德義務的一部分。但是這個結論如果推得太遠，包括了一切時代和一切情況下的政府，那麼它就是完全錯誤的了。我主張，忠順的義務雖然在最初是建立在許諾的義務上，並在一個時期內被那種義務所支持的，可是它很快就自己紮根，並且有一種不依靠任何契約的原始的約束力和權威。這是一個重要的原則，我們必須細心注意地加以考察，然後再繼續申論。

那些主張正義是一種自然的德並且在人類協議以前就存在的哲學家們，有理由把一切政治上的忠順都還原到許諾的約束力，並且主張，約束我們服從執政長官①的只有我們自己的同意。因為一切政府既然分明是人類的一種發明，而且大多數政府的起源是有歷史可考的，所以我們如果主張我們的政治義務有任何自然的道德約束力，我們就必須再往上追溯，以便發現這些義務的起源。因此，這些哲學家們馬上就說，社會是和人類同樣古老的，那三條自然法則又是和社會同樣古老的。因此，他們就利用了這些法則的古老性和模糊不清的根源，先否認這些法則是人類人為的、自願的發明，隨後又企圖把那些更顯然是人為的其他義務建立在它們之上。但是當我們在這一方面一旦明白以後，發現了自然的和政治的正義都起源於人類的協議，我們就將立刻看到，要把這一種還原到那一種，並且在自然法方面，而不在利益和人類協議方面，給我們的政治義務找尋一個較為強固的基礎，那是怎樣地無益的；因為這些自然法則本身也是建立在同一基礎上面的。不論我們在那一方面反覆思考這個題目，我們都將發現；這兩種義務都恰好建立在同一基礎上，而且它們的最初發明和道德約束力也都有同樣的根源。人類之所以設計它們，都是為了補救相似的不便，而它們之所以獲得道德的強制力，也同樣都是因為它們可以補救那些不便。這兩點，我們將盡可能清楚地加以證明。

嚴格遵守履行許諾的法則是政府建立的結果，對政府的服從卻不是許諾的結果

我們已經表明，當人們觀察到社會對於他們的共存是必不可缺的，並且發現，如果不約束他們自然的慾望，便不可能維持任何一種的交往，這時他們就發明了那三條基本的自然法則。因此，原來使人類彼此不便的那種利己心，在採取了一個新的和較方便的方向之後，就產生了正義的規則，並且成了遵守這些規則的最初動機。但是當人們觀察到，正義規則雖然足以維持任何社會，可是他們並不能在廣大的文明社會中自動遵守那些規則：於是他們就建立政府，作為達到他們目的的一個新的發明，並藉着更嚴格地執行正義來保存舊有的利益或求得新的利益。因此，在這個範圍內來說，我們的政治義務是和我們的自然義務聯繫着的；而前者的發明主要是為了後者；並且政府的主要目的也是在於強制人們遵守自然法則。但是在這一方面，關於履行許諾的那條自然法則只是和其餘的法則歸併在一

起；而且這個法則的嚴格遵守應當被認為是政府的建立的一個結果，而對政府的服從卻不是許諾的約束力所產生的結果。我們的政治義務的目的雖然是在於執行我們自然的義務，可是這個發明的第一②動機，以及履行這兩種義務的最初動機，都只是私利。同時，服從政府和履行許諾既然各有不同的利益，所以我們也必須承認，它們有各別的義務。服從民政長官是維持社會秩序和協調的必要條件。履行許諾是在人生日常事務中產生互相信託和信賴的必需條件。兩方面的目的和手段都完全是各別的；兩者也沒有彼此從屬的關係。

……

---

① 執政長官（magistrate）在本書中的含義是指國王、國家統治者或團體。——中譯者
② 所謂第一是指時間而言，不是指尊嚴或力量而言。

本書繁體字版由北京商務印書館授權出版

人性論 (精選本)

作　　者：【英】休謨
譯　　者：關文運
選 編 者：陳啟偉
責任編輯：金　堅
封面設計：陳穎欣
封面圖像：北角官立上午小學
出　　版：商務印書館 (香港) 有限公司
　　　　　香港筲箕灣耀興道3號東滙廣場8樓
　　　　　http://www.commercialpress.com.hk
發　　行：香港聯合書刊物流有限公司
　　　　　香港新界大埔汀麗路36號中華商務印刷大廈3樓
印　　刷：美雅印刷製本有限公司
　　　　　九龍觀塘榮業街6號海濱工業大廈4樓A
版　　次：2012年6月第3次印刷
　　　　　© 商務印書館 (香港) 有限公司
　　　　　ISBN 978 962 07 5406 7
　　　　　Printed in Hong Kong